资本市场价值投资研判

周永发　著

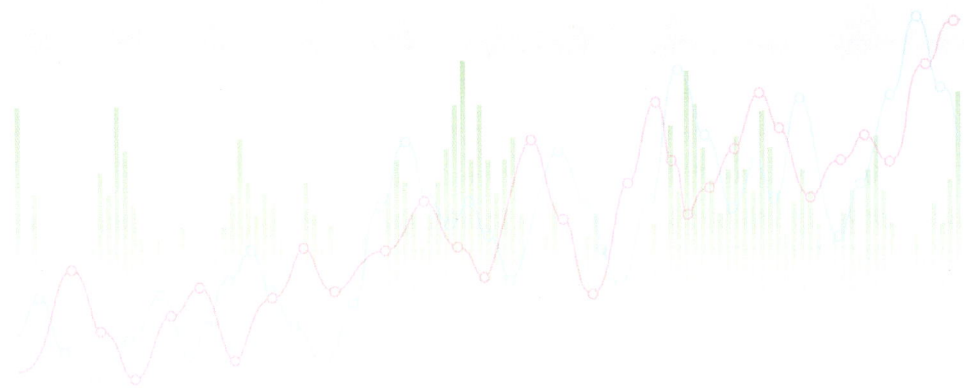

中国金融出版社

责任编辑：曹亚豪
责任校对：孙　蕊
责任印制：丁淮宾

图书在版编目（CIP）数据

资本市场价值投资研判 / 周永发著. —北京：中国金融出版社，2021.12
ISBN 978 – 7 – 5220 – 1473 – 9

Ⅰ．①资…　Ⅱ．①周…　Ⅲ．①证券市场 — 股票投资 — 研究 — 中国
Ⅳ．① F832.51

中国版本图书馆 CIP 数据核字（2022）第 006242 号

资本市场价值投资研判
ZIBEN SHICHANG JIAZHI TOUZI YANPAN

出版
发行　中国金融出版社

社址　北京市丰台区益泽路 2 号
市场开发部　（010）66024766，63805472，63439533（传真）
网 上 书 店　www.cfph.cn
　　　　　　（010）66024766，63372837（传真）
读者服务部　（010）66070833，62568380
邮编　100071
经销　新华书店
印刷　河北松源印刷有限公司
尺寸　169 毫米 ×239 毫米
印张　11
字数　186 千
版次　2021 年 12 月第 1 版
印次　2021 年 12 月第 1 次印刷
定价　48.00 元
ISBN 978 – 7 – 5220 – 1473 – 9
如出现印装错误本社负责调换　联系电话（010）63263947

周永发参加由上海基煜基金销售有限公司主办、《中国证券报》等特别支持的"大变局·新机遇——2020 中国机构投资者资产管理北京峰会"论坛掠影

前　言

[P R E F A C E]

　　当今世界正经历百年未有之大变局，新一轮科技革命和产业变革深入发展，国际力量对比深刻调整，和平与发展仍然是时代主题，人类命运共同体理念深入人心。同时国际环境日趋复杂，不稳定性不确定性明显增强，新冠肺炎疫情影响广泛深远，世界进入动荡变革期。但是，不管世界如何动荡变革，经济总是要发展的，与之相伴的资本市场也是要发展的。尤其中国改革开放不会停下脚步，中国的经济发展更不会停下脚步，中国资本市场和世界资本市场的发展也不会停下脚步。

　　改革开放40多年来，中国经济得到了快速发展，特别是党的十八大以来，经济发展由过去的强调速度向强调质量转变，经济模式得到了转型升级，提质增效，向高质量发展迈进，综合实力得到了较大提高。可以肯定的是，在《中华人民共和国国民经济和社会发展第十四个五年规划和2035年远景目标纲要》的指引下，未来十年左右，中国一定会以世界第一大经济体的姿态出现在世界的东方，成为拉动全球经济发展的火车头。中国的光芒将照耀世界，那是一个伟大的时刻，那个时刻注定将成为世界经济发展的里程碑。在这个过程中，资本市场注定将成为支持经济发展的排头兵。

　　20世纪70年代末，改革开放的春风沐浴神州大地，中国从计划经济体制向市场经济体制转型，催生了股份制企业和股份制经济，内地资本市场和股票交易场所应运而生。上海证券交易所（Shanghai Stock Exchange）、深圳证券交易所（Shenzhen Stock Exchange）、深交所中小板（SME Board）、科创板（The Science and Technology Innovation Board；STAR Market）以及北京证券交易所（Beijing Stock Exchange）逐一面世。经过短短30年的发展，中国资本市场从无到有，从小到大，从弱到强，已经成为全球资本市场的重要组成部分。展望未来，中国资本市场的运行只会越来越规范，越来越透明，越来越法治化。市场会在规范、透明、法治、公平、公正的环境下运转，优胜劣汰，价值投资会逐渐成为市场的主流。随着人类命运共同体的构建，中国经济将高度融入全球经济，中国资本市场也将海纳百川，成为全球资本的新洼地。

2021—2030 年是中国资本市场发展的黄金十年，我们每个人都应积极支持国家经济建设，支持资本市场的改革与发展，同时分享中国经济快速发展的红利，分享中国资本市场改革与发展的超额回报。为了见证这一伟大的时代，伟大的变革，伟大的发展，本人精心梳理了中国资本市场融资需求与资金供给，以及中国资本市场规模化发展的场景。同时本人仔细研读上市公司年报，收集、整理、阅读了大量国内外资本市场资料、上市公司情况等，甚至还跑到一些上市公司直接了解其生产、经营、管理情况，了解上市公司产品市场布局、产品销售、资金回笼等情况。结合自己 30 年的资本市场投资经验，精心从中国资本市场和世界资本市场的众多投资品种中遴选出 60 只值得长期投资持有的个股，其中沪深市场 39 只，中国香港资本市场 13 只，美国资本市场 8 只。为了方便投资人阅读与投资参考，本人将其编写成了《资本市场价值投资研判》一书，该书将分眼界和资本市场掘金两大部分，逐一讲来。当然不是说这 60 只个股随时买入都能盈利。资本市场投资，择时择券很关键，择券最重要，择券正确与否决定着投资的成败，择时恰当与否则决定着投资的效率。

《资本市场投资研判》一书面向广大投资者，融专业性、知识性、实用性为一体，对在资本市场投资获取超额回报具有很好的指导作用和参考价值。当然，需要指出的是，本书所选择的可做价值投资的券种仅供读者、投资者在资本市场做投资选择时参考，并不是说其他券种就不可做价值投资，仁者见仁，智者见智。投资者做投资决策前，一定要先仔细研究宏观经济政策、货币政策、产业政策，把宏观政策扶持的领域和具有明显比较优势的产业锁定为可参与投资的范围，因为宏观政策扶持的领域必然利好政策会相对多一些，具有明显比较优势的产业中质地好的优秀公司相对多一点。之后从锁定的范围中去研究、选择和锁定潜力板块，最后才从锁定的潜力板块中去寻找值得价值投资的标的公司进行深入研究。要研究公司的生产经营情况、市场拓展情况、营业收入情况、利润增长情况、每股收益情况等，尤其还要研究公司的现金流情况，如公司是否有现金流，现金流是否稳定，现金流是在逐月（季、年）增加还是在逐月（季、年）减少，现金流的变化情况将真实地决定公司业绩的变化情况。应选择现金流不断增加，营业收入和净利润不断增长的公司作为投资标的公司。投资标的公司选好后，买入公司股票还要选择时机，要选择一个相对的底部介入，不可冲动行事，以免影响投资效率。

　　资本市场投资风险很大，行情瞬息万变，经常是上午形势大好，下午就急转直下；今天大阴狂跌透心凉，明天大阳猛涨凯歌还。这就要求投资人具有良好的投资心态、心理素质、风险意识和风险承受能力。建议有风险识别能力或风险承受能力的投资者方可参与资本市场投资。在这里必须按监管要求提醒广大读者、投资人：股市有风险，投资需谨慎，据本书入市，风险自担。本人愿与所有读者、投资人建立联系，随时沟通，既共享资本市场发展的喜悦，又分担资本市场发展的艰辛。

周永发

2021 年 12 月

目 录

[C O N T E N T S]

第二部分　资本市场掘金

第一部分

眼 界

　　眼界和心态是做价值投资必须具备的基本素养。如果对一家公司的过去、现在不了解，将无法预判其未来的发展趋势，就会对持有这家公司的股票感到心里没底，时时关注其价格波动，自己的心情也会被其价格波动拴住，上涨时开心，下跌时揪心。

　　做投资应该具有长远的战略眼光，尤其在资本市场做价值投资更应该"莫为浮云遮望眼，风物长宜放眼量"。做投资，需要投资人广泛地了解市场，了解市场的过去和现在，发现其运行规律，找出其趋势方向，同时还需要对自己所选中的标的公司股票品种做深入仔细的研究，对该公司所属行业进行深入研究，对整个市场发展进行深入研究，对国家关于资本市场建设的政策进行深入研究，使自己尽量见多识广。一旦选择好了股票品种，就长期持有，做长线投资，做价值投资。"不打算持股十年，就不要持股十分钟。"（巴菲特）这要求投资人做到三点：一是培养理性自制的性格。投资者应具有理性的思维和自制的性格，稳定地运用自己的智商和情商。只强调对公司财务数据做数学分析，并不能保证成功，否则数学家就成为世界上最富有的人了。但过于迷信投资灵感和操盘艺术也十分危险，否则艺术大师、气功大师都成为投资大师了。投资人对标的公司的历史进行研究时要保持理性，像职业棋手那样具有良好的性格，因为标的公司一般都会尽量把自己"打扮"得好看些。对标的公司的未来进行预判时要敏感，因为市场上有价值的投资机会往往稍纵即逝。二是正确看待市场波动。

正如巴菲特所说，"一个投资者必须既具备良好的公司分析能力，同时又必须把他的思想和行为同在市场中肆虐的极易传染的情绪隔绝开来，才有可能取得成功"。三是投资者应对公司价值进行合理评估，以确定自己准备买入的公司股票的价值是多少，然后与市场上该公司股票的价格进行对比。当公司股票价格低于评估的内在价值时才会为价值投资提供安全边际和盈利空间。

选择什么样的公司展开价值评估与投资非常重要。有的投资者在选择投资标的公司股票时，往往只关注股价是否低，但股价较低的不少是市场上竞争力较弱的公司。应在具有竞争优势的明星企业中选择优秀企业进行投资。研判标准，一是企业的主营业务是否长期稳定，以及是否具有竞争优势。二是企业业务是否具有经济特许权，或重大专利优势，尤其主打产品是否具有强大的竞争优势。三是企业现在的强大竞争优势是否能够长期持续保持，企业是否具有良好的发展前景。

投资人对市场的了解，对公司的研究，对政策的理解，对未来经济和市场走向以及对企业未来发展的预测判断等，构成眼界。见多识广＋长远眼光＝有眼界。眼界的宽窄、眼光的长短决定了投资获得价值的大小。接下来，我们就放眼远望。

一、未来世界第一大经济体——中国

在世界的东方，十年后一个新的世界第一大经济体将在这里诞生，这就是奔向社会主义现代化的中国，她的光芒将照耀全世界。那是一个伟大的时刻，也是注定要成为世界经济发展里程碑的时刻。2021—2030 年这十年，中国经济将站在全面建成小康社会的新起点上开启新征程，阔步前进，快速发展，向着伟大的复兴梦奋勇前进。

（一）未来经济体量世界第一

改革开放 40 多年来，中国经济得到了快速发展，特别是党的十八大以来，经济发展由过去的强调速度向强调质量转变，经济发展模式得到了转型升级，提质增效，向高质量发展迈进，综合实力得到了较大提高。根据国家统计局公布的数据，2020 年国内生产总值（GDP）实现 1015986 亿元，按可比价格计算，比上年增长 2.3%。可以肯定的是，在未来十年，中国一定会成为拉动全球经济发展的火车头。据美国国会预算局预测，未来十年美国 GDP 平均增速为 1.9%。在某些年份其经济增长率会高一些，例如，自 2020 年以来，美国为抗击疫情给经济带来的冲击实施量化宽松政策，加上美国政府还可能推出基建计划等，会在短期内使美国经济有一个相对快速的发展。而通胀又会制约其量化宽松政策。美国商务部数据显示，2021 年 5 月美国个人消费支出物价指数同比上涨 3.9%，刷新了美国自 2008 年以来的最大涨幅纪录，若持续下去，势必会影响其量化宽松政策从而影响美国经济增长。国际货币基金组织（IMF）预测 2021 年中国 GDP 将增长 8.1%，之后增速为 5% ~ 6%。若保守地按 5% 的增长率计算，则中国将在 2030 年前后成为世界第一大经济体。预计 2021—2030 年中美两国的经济增长情况如图 1-1 和表 1-1 所示。

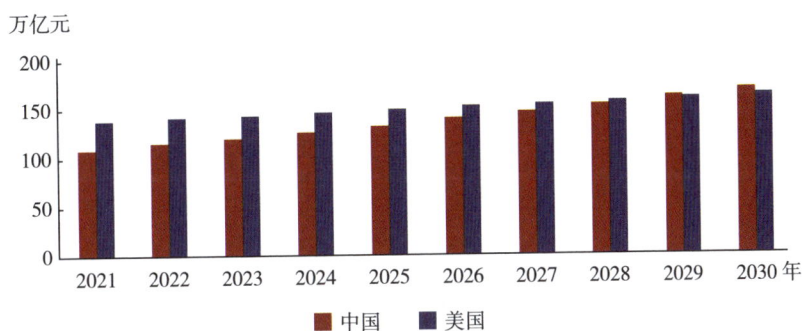

图 1-1　2021—2030 年中美 GDP 预测

表 1-1　2021—2030 年中美 GDP 预测

单位：万亿元

年份	中国	美国
2021	109.63	138.69
2022	115.11	141.32
2023	120.86	144.01
2024	126.91	146.74
2025	133.25	149.53
2026	139.91	152.37
2027	146.91	155.27
2028	154.26	158.22
2029	161.97	161.22
2030	170.07	164.29

需要指出的是，以上预测是按 2020 年末人民币对美元汇率和未来中美两国经济增长率预判做出的。但事实上中国究竟在哪年哪月哪天成为世界第一大经

济体，还取决于汇率变化、中美两国实际经济增长快慢以及会否出现"黑天鹅"事件、突发事件等。例如，相对于 2020 年末的汇算，如果美元贬值了，人民币升值了，那么中国将会提前成为世界第一大经济体；如果人民币贬值了，美元升值了，则中国可能延后成为世界第一大经济。又如，在美国经济增长率与预计的一样的情况下，中国经济增长加快了，实际 GDP 增速高于预测值，那么中国将会提前成为世界第一大经济体。反之，则中国可能延后成为世界第一大经济。估计中国提前或延后成为世界第一大经济体的时间差为 1 ~ 2 年。当然，前进的道路是曲折的，甚至还有许多阻碍需要冷静睿智地加以克服。

和平与发展是人类永恒的主题，当今世界各国都在不遗余力谋求发展，2020 年各国经济体量已成定局，根据国际货币基金组织（IMF）公布的数据，前 10 大经济体的总规模达 58.19 万亿美元（见图 1-2），占世界经济总量的63.28%，美国、中国、日本占据前三，占比分别为 22.63%、17.26%、5.34%。世界经济的主要活动仍集中在前 10 大经济体，详见图 1-2。

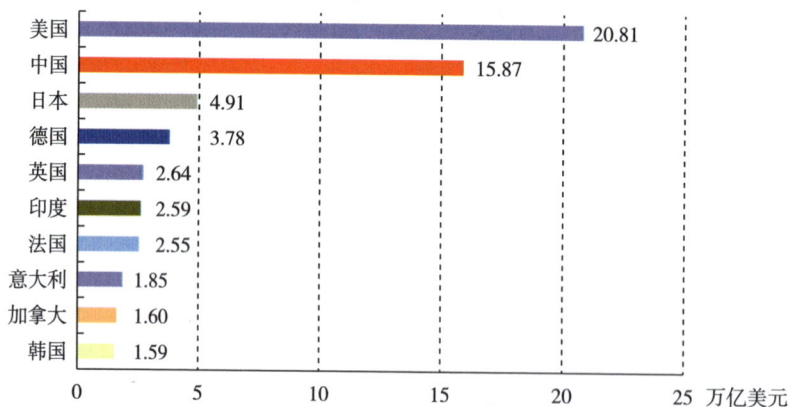

图 1-2　2020 年世界前 10 大经济体 GDP 排名

未来 10 年，对中国来说是非常关键的 10 年，中国经济将会有一个大飞跃、大提升，将实现颈部突破。让我们从另外一个角度依据其他参数来预测未来 10 年世界经济和中国经济的发展。根据 IFS 的数据来预测，则 2030 年前 10 大经济体的排名发生了较大变化，第一，中国成为世界第一大经济体；第二，巴西挤进了前十，位居第八，而韩国出了前十；第三，印度的排名上升了两位，从第六进到了第四；第四，法国的排名上升了一位，由第七进到了第六，详见图1-3。

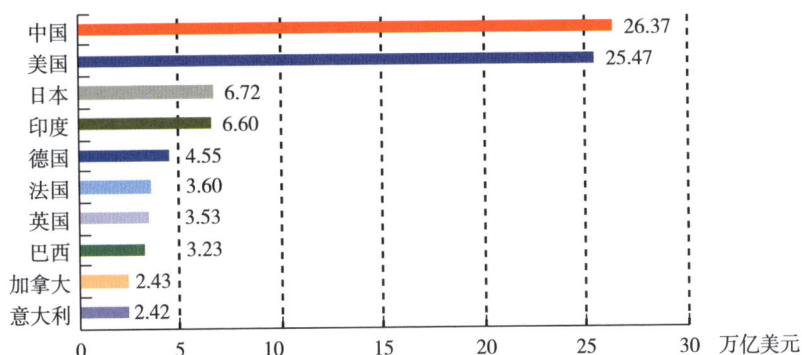

图 1-3　2030 年前 10 大经济体 GDP 排名

国务院发展研究中心课题组认为，2020 年至 2035 年，全球经济增长平均速度为 2.6% 左右。发达经济体的增长速度可能进一步放缓，2020 年至 2035 年整体增长速度在 1.7% 左右，要低于过去 50 多年的平均增长速度；发展中国家的增长速度有所下降，年均增长速度将达到 4.9% 左右。城市化仍将是部分发展中国家未来增长的潜力所在。到 2035 年，发展中国家 GDP 规模将超过发达经济体，在全球经济和投资中的比重接近 60%。全球经济增长的重心将从欧美转移到亚洲，并外溢到其他发展中国家和地区，而中国的经济地位将更加重要。按此全球经济平均增长速度预测，2030 年全球经济总量将超过 119 万亿美元，中国占全球经济的比重将由 2020 年的 17.26% 上升至 22.16%，美国、日本、印度依次为 21.40%、5.65%、5.55%，详见图 1-4。

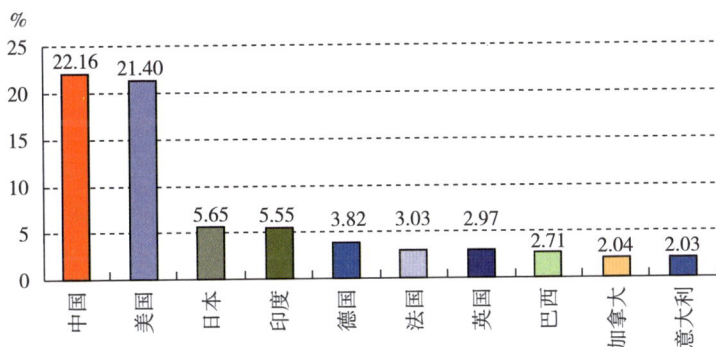

图 1-4　2030 年前 10 大经济体 GDP 占比排名

（在这里我要声明，以上是根据国际组织和国内机构公开披露的数据所进行的推算，以及根据推算所得出的结论，完全属于个人学术观点和研究结论，不代表任何机构和组织。）

事实上，中国未来是在不断超越自我中成为世界第一大经济体的，这是由以下因素决定的。

1.《中华人民共和国国民经济和社会发展第十四个五年规划和2035年远景目标纲要》确定目标

党的十九大报告提出，到21世纪中叶，要把我国建成富强、民主、文明、和谐、美丽的社会主义现代化强国，其中，从2020年到2035年，经过15年的发展，中国将"基本实现社会主义现代化"，到2035年，"我国经济实力、科技实力将大幅跃升，跻身创新型国家前列；人民平等参与、平等发展权利得到充分保障，法治国家、法治政府、法治社会基本建成，各方面制度更加完善，国家治理体系和治理能力现代化基本实现；社会文明程度达到新的高度，国家文化软实力显著增强，中华文化影响更加广泛深入；人民生活更为宽裕，中等收入群体比例明显提高，城乡区域发展差距和居民生活水平差距显著缩小，基本公共服务均等化基本实现，全体人民共同富裕迈出坚实步伐；现代社会治理格局基本形成，社会充满活力又和谐有序；生态环境根本好转，美丽中国目标基本实现"。

锚定2035年远景目标，聚集"十四五"阶段性任务，中国经济正立足夯实经济根基，乘势而上。"十四五"规划正是开启全面建设社会主义现代化国家新征程，向2035年远景目标乃至第二个百年奋斗目标进军的第一个五年规划，也是全面完胜脱贫攻坚战后站在小康社会新起点上全心投入建设社会主义现代化国家的第一个五年规划。中国经济将快速稳健地发展。在这五年中，要为顺利实现2035年远景目标打下坚实的基础。眼下中国正面临百年不遇的大变局，既有挑战，又有机遇。

2021年是中国全面建成小康社会、实现第一个百年奋斗目标之年，是"十四五"规划开局之年，是乘势而上开启全面建设社会主义现代化国家新征程之年。2021年也是"两个一百年"的历史交汇点。2021年全国两会确定了GDP增长6%的起步目标，开启了高质量发展模式。这将为"十四五"规划开好局，起好步。"十四五"时期，经济社会将按创新、协调、绿色、开放、共享的新发展理念，构建新发展格局，转变发展方式，推动质量变革、效率变革、动力变革，实现更高质量、更有效率、更加公平、更可持续、更为安全的发展。这期间仍将深化供给侧结构性改革，加快现代化经济体系建设，加快构建以国内大循环为主体、国内国际双循环相互促进的新发展格局，具体实现六大目标。

一是经济发展取得新成效。发展是解决我国一切问题的基础和关键，在质量效益明显提升的基础上实现经济持续健康发展，增长潜力充分发挥，国内市场更加强大，经济结构更加优化，创新能力显著提升，产业基础高级化、产业链现代化水平明显提高，农业基础更加稳固，城乡区域发展协调性明显增强，现代化经济体系建设取得重大进展。

二是改革开放迈出新步伐。社会主义市场经济体制更加完善，高标准市场体系基本建成，市场主体更加充满活力，产权制度改革和要素市场化配置改革取得重大进展，公平竞争制度更加健全，更高水平开放型经济新体制基本形成。

三是社会文明程度得到新提高。社会主义核心价值观深入人心，人民思想道德素质、科学文化素质和身心健康素质明显提高，公共文化服务体系和文化产业体系更加健全，人民精神文化生活日益丰富，中华文化影响力进一步提升，中华民族凝聚力进一步增强。

四是生态文明建设实现新进步。国土空间开发保护格局得到优化，生产生活方式绿色转型成效显著，能源资源配置更加合理、利用效率大幅提高，主要污染物排放总量持续减少，生态环境持续改善，生态安全屏障更加牢固，城乡人居环境明显改善。

五是民生福祉达到新水平。实现更加充分更高质量就业，居民人均可支配收入增长与国内生产总值增长基本同步，分配结构明显改善，基本公共服务均等化水平明显提高，全民受教育程度不断提升，多层次社会保障体系更加健全，卫生健康体系更加完善，脱贫攻坚成果巩固拓展，乡村振兴战略全面推进。

六是国家治理效能得到新提升。社会主义民主法治更加健全，社会公平正义进一步彰显，国家行政体系更加完善，政府作用更好发挥，行政效率和公信力显著提升，社会治理特别是基层治理水平明显提高，防范化解重大风险体制机制不断健全，突发公共事件应急处置能力显著增强，自然灾害防御水平明显提升，发展安全保障更加有力，国防和军队现代化迈出重大步伐。

要实现上述目标，必须有一个高标准、能高效运转的市场体系。为此，国务院办公厅于2021年1月印发了《建设高标准市场体系行动方案》，并要求各地区各部门结合实际认真贯彻落实。《建设高标准市场体系行动方案》的目的在于构建更加成熟、更加定型的高水平社会主义市场经济体制，进一步激发各类市场主体活力，这对加快构建以国内大循环为主体、国内国际双循环相互促进的新发展格局具有重要意义。

《建设高标准市场体系行动方案》的总体要求是以习近平新时代中国特色社会主义思想为指导，全面贯彻落实党的十九大和十九届二中、三中、四中、五中全会精神，坚定不移贯彻新发展理念，坚持稳中求进工作总基调，以推动高质量发展为主题，以深化供给侧结构性改革为主线，以改革创新为根本动力，以满足人民日益增长的美好生活需要为根本目的，充分发挥市场在资源配置中的决定性作用，更好发挥政府作用，牢牢把握扩大内需这个战略基点，坚持平等准入、公正监管、开放有序、诚信守法，畅通市场循环，疏通政策堵点，打通流通大动脉，推进市场提质增效，通过 5 年左右的努力，基本建成统一开放、竞争有序、制度完备、治理完善的高标准市场体系，推动经济高质量发展、加快构建新发展格局、推进国家治理体系和治理能力现代化。

2. 率先控制新冠肺炎疫情，实现经济正增长

（1）新冠肺炎疫情对全球经济的冲击

2020 年这场新冠肺炎疫情给全人类带来了灾难，也给全球经济造成重创，全球经济负增长。人类正在经历第二次世界大战结束以来最严重的全球公共卫生突发事件——新冠肺炎疫情。截至 2021 年 11 月 24 日，根据美国约翰斯·霍普金斯大学的统计数据，全球累计确诊 259006084 例，其中死亡 5170446 例。而且新冠病毒又出现了变异，在全球至少发现了 5 大类型，包括 Alpha（阿尔法）、Beta（贝塔）、Gamma（伽马）、Delta（德尔塔）和奥密克戎（Omicron）在内共 15 种新冠变异病毒，已波及全球 215 个国家和地区，影响了将近 70 亿人口。疫情给相关产业和国际贸易造成巨大损失。旅游、航运、餐饮、住宿等服务业和众多中小企业受到沉重打击。2020 年，全球旅游业损失至少 220 亿美元。全球航运业每周损失约 3.5 亿美元。全球海运贸易量减少逾 6 亿吨，为 35 年来最大降幅。在新冠肺炎疫情冲击下，全球经济遭到重创，出现全球性大衰退。现代经济是由人流、物流、资金流、信息流等构成的"流动经济"，疫情期间实施的社交隔离措施减缓了经济活动，对供给端、需求端、金融端造成全面冲击。世界银行发布的《全球经济展望》表示，2020 年全球 GDP 增长 –4.4%，衰退幅度是 2008 年国际金融危机时的 2 倍多；全球 90% 的经济体陷入衰退，而 1930年大萧条期间这一数字也仅有 85%。据国际货币基金组织（IMF）发布的《世界经济展望报告》披露，受新冠肺炎疫情影响，2020 年全球经济负增长，发达经济体为 –5.8%，新兴市场和发展中国家同为 –3.3%，欧元区为 –8.3%。新冠肺炎疫情导致 2500 万人失业。贸易与跨境投资的减少以及大宗商品价格异动，也是经济萎缩的伴生结果。根据联合国贸易和发展会议发布的《2020 年贸易和发展报告》，2020 年全球商品贸易较上年下降 1/5，全球外国直接投资较上年缩减40%。在利用外资方面中国是少有的例外，2020 年中国实际利用外资逆势同比增长 6.3%。除了受疫情冲击外，一些国家奉行单边主义和保护主义，这也对贸易与投资造成持续的负面影响。2020 年，大宗商品价格经历了过山车式的跌涨。比如，铁矿石价格在 2020 年下半年飙升，大宗商品中的粮价虽没有经历国际金融危机期间那样的大涨大落，但也出现了先降后升态势。

为应对疫情冲击，各国政府均采取了不同形式的临时性财政政策和货币政策。从临时性财政政策看，以美国为例，2020 年 3 月，美国国会通过了总额约 2.2 万亿美元的《新冠病毒援助、纾困与经济安全法案》；2021 年 3 月，美国政府又批了 1.9 万亿美元用于抗击疫情，加上美国本已债台高筑，其债务总规模大大高过 GDP，而美国政府可能还会继续举债，这些因素又易引发美元贬值担忧。随着第二波疫情开始在北美和欧洲等地肆虐，各经济体进一步加大纾困力度在所难免。尽管防疫政策推出时机、规模、执行力度和长期影响等不同，但整体而言，各经济体采取的财政救助政策在维持经济和社会生活运转上发挥了直接且显著的作用。

在货币政策方面，2020 年，世界各经济体的中央银行共降息 200 多次，各主要发达经济体中央银行继续维持超低利率政策。要看到，自 2008 年国际金融危机以来，美国、欧元区、日本等主要发达经济体常规货币政策实施空间极为狭窄，在应对疫情冲击期间主要靠的是非常规货币政策，包括量化宽松、负利率与零利率、大银行定向放款和所谓的“直升机撒钱”等。但各种非常规货币政策在产生积极效果的同时，也为全球经济长期增长增添了不确定性。从全球来看，尽管实体经济复苏和宽松货币政策将对资产价格形成一定支持，但风险资产价格同经济前景和信贷质量恶化相脱节的现象依然存在。经济萎缩与资产价格快速上涨并行，意味着全球资本市场在未来出现巨幅波动不是小概率事件。主要经济体资本市场大幅波动势必对其他国家和地区产生负面溢出效应，并由此激起负向反馈。

2020 年全球经济中值得关注的另一个问题是美元汇率的“异常”变动。以往出现衰退或金融危机时，人们会本能地通过增持安全资产以求自保。在绝大多数情况下，美元资产均扮演了全球安全资产的角色。然而本次疫情冲击引发的全球衰退却在世人面前呈现出了另一番景象：2020 年 3 月至 9 月，外国中央银行持有美债总额净减约 1552 亿美元，国债购买者是美联储而非国际投资者和美国基金，以致美国债券价格在 2020 年 3 月暴跌后一直低迷，并伴随着美元指数显著下滑。出现这种“异常”除了与美国不限量无限期地向经济注入空前规模的流动性有关外，也与美国在世界经济格局中的地位有关。进入 21 世纪以来，美国国债占全球 GDP 的比重持续上升，同时美国产出占全球 GDP 的比重却在下降。这种态势类似于 20 世纪 60 年代布雷顿森林体系面临的"特里芬两难"：一方面，美元与黄金之间保持固定比率并自由兑换；另一方面，美国境外流通着海量美元。

不容忽视的是，疫情对世界经济实体层面产生的短期冲击和长期影响主要体现在全球供应链上。对企业而言，主要经济体之间贸易紧张和多边贸易体系几近瘫痪、气候与自然灾害多发、网络攻击频繁等，从不同维度加大了供应链断裂的可能性。由于技术进步与扩散，特别是生产数字化已呈现出不可阻挡之势，劳动力成本套利的空间逐渐变得狭小。随着网上购物的普及，消费者对快速配送的需求持续上升，能否快速送达已成为企业竞争力的重要组成部分。疫情冲击更是让企业意识到彻底重新评估价值链、缩短供应链、投资更有弹性的供应链可能是更有价值的。从国家层面看，一些国家陆续出台了或计划出台一系列旨在提高自给率或本土化率的政策，鼓励制造业回流或使供应链多样化。这些都将影响新的全球供应链布局。新冠肺炎疫情短期内不会在全球消失，各国、各经济体防控疫情的情况将决定其经济恢复与增长情况，因此，新冠肺炎疫情助推了全球经济大洗牌。2020 年，大型经济体除中国外都是经济负增长，而且排名靠后，详见图 1-5。

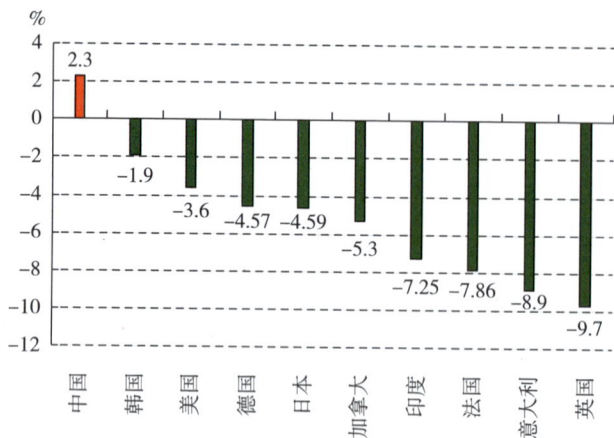

图 1-5　2020 年世界前十大经济体经济增速排名

疫情究竟什么时候结束？一般而言，疫情结束即达到群体免疫的流行病学终点。当达到这一节点时，就不再需要部署公共卫生紧急干预措施了，虽然可能需要定期注射疫苗，也许类似于每年一次的流感疫苗注射，但是广泛传播的威胁将会消失，社会和经济生活的所有方面将恢复正常，死亡率不再高于一个国家的历史平均水平，人们不再担心疫情造成的长期健康后果。

　　什么时候达到群体免疫？根据约翰斯·霍普金斯大学的研究报告，达到群体免疫的条件是至少有 70% 的人获得免疫。按目前的传染速度和致死率，是不可能指望自然免疫的，能实行强干预的只能是疫苗。值得欣慰的是，目前中国、美国、俄罗斯和欧洲部分国家能生产出新冠疫苗，并已开始大面积接种。根据美国疾控中心的数据，截至 2021 年 11 月 22 日，美国已有超过 2.30 亿人至少接种了一剂新冠疫苗，超过 1.95 亿人完全接种新冠疫苗。

　　据凤凰网报道，2021 年将有多种新冠疫苗问世，预计全球新冠疫苗总产能将达到 146 亿剂。若这些疫苗全部接种（大多数疫苗都需要接种 2 剂），那么一年后，通过打疫苗能够获得免疫的人数大概是 73 亿人。世界总人口约为 78 亿人，那么 2022 年初免疫人群占比约为 93.59%，远大于群体免疫所要求的 70%，届时全球完全可以达到群体免疫。当然，各国的接种进度不一样。发达国家在 2021 年第一季度就完成了重点人群接种，第二季度覆盖了约 50% 的人口，到第三季度基本完成大规模接种。新兴市场国家从 2021 年下半年开始获得大量疫苗，2021 年底可完成 50%~60% 的人群接种，2022 年上半年基本完成大规模接种。低收入国家的 20% 人口可得到接种，但完成大规模接种要到 2022 年下半年。目前新兴市场国家的疫苗接种主要受产能约束，也就是买不到；而低收入国家主要受经济约束，也就是买不起。根据测算，由于疫苗获取先后时间、疫苗需求量和疫苗接种能力与意愿的差异，高收入国家的疫苗接种进度快于新兴市场国家 2 个季度左右，而新兴市场国家快于低收入国家 2 个季度左右。若粗略地把完成大规模接种的时间点看作达到群体免疫的时间点，则可得到图 1-6。

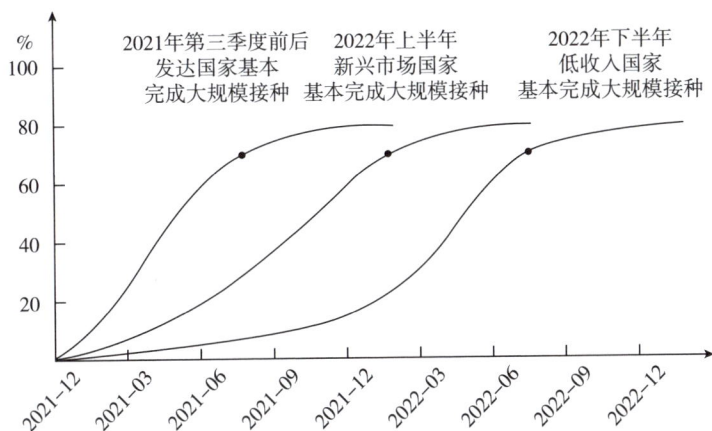

图 1-6　全球新冠疫苗接种进展预测

发达国家会在 2021 年底前后达到群体免疫，新兴市场国家将在 2022 年上半年达到群体免疫，低收入国家将在 2022 年下半年达到群体免疫。预计 2022 年下半年，全球疫情基本结束。但在全球疫情结束前还不可以放开国门随意出入。因为在实现群体免疫前，一旦有病毒输入而又未能控制好，则仍然存在疫情大爆发的可能。2021 年，世界经济在坎坷中实现复苏，同时，复苏因地域不同而快慢、先后各异。

（2）中国迅速控制新冠肺炎疫情，率先实现经济正增长

2020 年，全球蒙受疫情危难，但中国依靠制度优势，在党中央的领导下，全国人民团结一心、众志成城、不怕牺牲，率先控制住了新冠疫情。疫情期间和疫情过后全球需求大增，中国因早早控制疫情而生产供给上升，产能充分释放，达到 78% 的高峰。

①团结一心积极防疫，迅速控制疫情蔓延

中国政府高度重视疫情防控工作，坚持以人民为中心，坚定信心、同舟共济、科学防治、精准施策，做到了"早发现、早报告、早隔离、早治疗"，全国一盘棋地展开防疫攻坚战。全国人民在党和政府强有力的领导下，一是着力做好重点地区的防疫工作。集中力量把重点地区的疫情控制住，从根本上扭转全国疫情蔓延的局面。重点抓好防治力量的区域统筹，把救治资源和防护资源集中到抗击疫情第一线，优先满足一线医护人员和救治病人的需要。加强疫情监测，集中救治患者，对患者做到了"应收尽收、应治尽治"。对所有密切接触人员采取居家医学观察，完善和强化了防止疫情向外扩散的措施。二是全力以赴救治患者，保障医疗防护物资供应，提高收治率和治愈率，降低感染率和病死率。从全国调派医务人员驰援武汉，同时保障医务人员身心健康。统筹做好人员调配，把精兵强将集中起来、把重症病人集中起来，统一进行救治。三是进行科研攻关，研制试剂和疫苗。调动高校、科研院所、企业等各方面力量，组织动员全国科研工作者参与疫情防控方面的科研攻关，推动相关数据和病例资料的开放共享，加快病毒溯源、传播力、传播机理等研究，及时完善防控策略和措施。加强有效药品和疫苗研发，将科研攻关与临床、防控实践相结合。四是维护正常的经济社会秩序。保障蔬菜、肉蛋奶、粮食等居民生活必需品供应，落实"菜篮子"市长负责制，积极组织蔬菜等副食品生产，加强物资调配和市场供应。五是做好宣传和心理辅导，统筹网上网下、国内国际、大事小事，强信心、暖人心、聚民心。正视存在的问题，及时发布权威信息，回应群众的关切，增强及时性、针对性和专业性。加强对健康理念和传染病防控知识的宣传

教育，引导广大人民群众提高文明素质和自我保护能力。

2020 年，在党和政府强有力的统一组织下，全国人民团结一心积极防疫抗疫。例如在湖北保卫战中，两个星期内就盖起了火神山医院、雷神山医院，提供 2500 个床位。全国医务人员奋不顾身、义无反顾冲到抗疫第一线，他们争分夺秒，与时间赛跑，全力救治患者，维护人民群众的健康。全国共派出 346 支医疗队抵达湖北，与当地的医务人员并肩作战，全力开展救治工作，有效提高治愈率，降低病亡率。派到湖北的医务工作者达 4.26 万人，其中重症专业的医务人员达到 1.9 万人，此外还有呼吸、感染、心内、肾内、心理等方面的医务人员。其中有院士团队，以及由全国各学科的学科带头人共同组成的团队，对危重患者、疑难患者开展会诊，指导救治，进行巡诊。从医疗机构接到指令到医疗队组建完成，一般不超过 2 个小时。从医疗队集结到抵达武汉，一般不超过 24 小时。实现医院建成、物资到位、人员到岗和收治患者几个方面共同到位，在 ICU 的修建改造和物资的调整过程中，提前准备好医务人员和专家团队，使得床位到位、医务人员到位与收治病人三同步，最大化为患者救治争取时间。委属委管医院和部分省级高水平医院成建制组成医疗队接管重症病区和重症病房、接管方舱医院，很快投入工作，进一步提高医疗质量，发挥团队力量。2020 年，经过全社会同心同德的共同努力，中国从第二季度就成功控制了疫情蔓延，在全球率先复工复产，率先实现了经济、社会、生活的正常化。并且，中国现已在全社会普遍进行疫苗接种，根据国家卫健委披露，截至 2021 年 11 月 20 日，中国有 4 款新冠疫苗，已接种超过 24.22 亿剂，超过 10.76 亿人完成全程接种，位居全球第一。随着疫苗的普及接种，新冠肺炎疫情的传播链条将被阻断，防疫成果将得到充分巩固。

②率先实现经济正增长，成为全球唯一实现经济正增长的主要经济体

根据国家统计局公布的数据，2020 年国内生产总值为 1015986 亿元，按可比价格计算，比上年增长 2.3%，中国是全球唯一实现经济正增长的主要经济体。分季度看，第一季度同比下降 6.8%，第二季度增长 3.2%，第三季度增长 4.9%，第四季度增长 6.5%。分产业看，第一产业增加值为 77754 亿元，比上年增长 3.0%；第二产业增加值为 384255 亿元，增长 2.6%；第三产业增加值 553977 亿元，增长 2.1%。全年全国粮食总产量为 66949 万吨，比上年增长 0.9%，增产 565 万吨。其中，夏粮产量为 14286 万吨，增长 0.9%；早稻产量为 2729 万吨，增长 3.9%；秋粮产量为 49934 万吨，增长 0.7%。分品种看，稻谷产量为 21186 万吨，增长 1.1%；小麦产量为 13425 万吨，增长 0.5%；玉米产量为 26067 万吨，持平略减；

大豆产量为 1960 万吨，增长 8.3%。全年猪牛羊禽肉产量为 7639 万吨，比上年下降 0.1%。其中，牛肉产量为 672 万吨，增长 0.8%；羊肉产量为 492 万吨，增长 1.0%；禽肉产量为 2361 万吨，增长 5.5%；禽蛋产量为 3468 万吨，增长 4.8%；牛奶产量为 3440 万吨，增长 7.5%；猪肉产量为 4113 万吨，下降 3.3%。2020 年末，生猪存栏、能繁殖母猪存栏比上年末分别增长 31.0%、35.1%。

全年全国规模以上工业增加值比上年增长 2.8%。分经济类型看，国有控股企业增加值增长 2.2%；股份制企业增长 3.0%，外商及港澳台商投资企业增长 2.4%；私营企业增长 3.7%。分三大门类看，采矿业增加值增长 0.5%，制造业增长 3.4%，电力、热力、燃气及水生产和供应业增长 2.0%。高技术制造业和装备制造业增加值分别比上年增长 7.1%、6.6%，增速分别比规模以上工业快 4.3 个、3.8 个百分点。从产品产量看，工业机器人、新能源汽车、集成电路、微型计算机设备同比分别增长 19.1%、17.3%、16.2%、12.7%。第四季度，规模以上工业增加值同比增长 7.1%，比第三季度加快 1.3 个百分点。12 月，规模以上工业增加值同比增长 7.3%，比上月加快 0.3 个百分点，环比增长 1.10%。2020 年，全国工业产能利用率为 74.5%。第四季度，全国工业产能利用率为 78.0%，比第三季度上升 1.3 个百分点。

全年全国服务业生产指数与上年持平。信息传输、软件和信息技术服务业，金融业增加值分别增长 16.9%、7.0%，增速分别快于第三产业 14.8 个、4.9 个百分点。第四季度，服务业生产指数同比增长 7.7%，比第三季度加快 3.4 个百分点。12 月，服务业生产指数同比增长 7.7%。1—11 月，规模以上服务业企业营业收入同比增长 1.6%，其中，信息传输、软件和信息技术服务业，科学研究和技术服务业营业收入分别增长 13.5%、9.9%，增速分别快于规模以上服务业 11.9 个、8.3 个百分点。全年社会消费品零售总额为 391981 亿元，比上年下降 3.9%。其中，限额以上单位消费品零售额为 143323 亿元，下降 1.9%。按经营单位所在地分，城镇消费品零售额为 339119 亿元，下降 4.0%；乡村消费品零售额为 52862 亿元，下降 3.2%。按消费类型分，餐饮收入为 39527 亿元，下降 16.6%；商品零售为 352453 亿元，下降 2.3%。消费升级类商品销售增速加快，第四季度，限额以上单位通信器材类、化妆品类、金银珠宝类商品零售额同比分别增长 26.0%、21.2%、17.3%，分别比第三季度加快 16.0 个、7.1 个、5.0 个百分点。第四季度，社会消费品零售总额同比增长 4.6%，比第三季度加快 3.7 个百分点。12 月，社会消费品零售总额同比增长 4.6%，环比增长 1.24%。全年全国网上零售额为 117601 亿元，比上年增长 10.9%。其中，实物商品网上零售额为 97590 亿元，增长 14.8%，占社会消费品零售总额的比重为 24.9%，比上年提高 4.2 个百分点。

全年全国固定资产投资（不含农户）为 518907 亿元，比上年增长 2.9%。分领域看，基础设施投资增长 0.9%，制造业投资下降 2.2%，房地产开发投资增长 7.0%。全国商品房销售面积为 176086 万平方米，增长 2.6%；商品房销售额为 173613 亿元，增长 8.7%。三次产业投资增速全部转正，其中第一产业投资增长 19.5%，第二产业投资增长 0.1%，第三产业投资增长 3.6%。民间投资为 289264 亿元，增长 1.0%。高技术产业投资增长 10.6%，快于全部投资 7.7 个百分点，其中高技术制造业和高技术服务业投资分别增长 11.5% 和 9.1%。高技术制造业中，医药制造业、计算机及办公设备制造业投资分别增长 28.4%、22.4%；高技术服务业中，电子商务服务业、信息服务业投资分别增长 20.2%、15.2%。社会领域投资增长 11.9%，快于全部投资 9.0 个百分点，其中，卫生、教育投资分别增长 29.9% 和 12.3%。12 月，固定资产投资环比增长 2.32%。全年货物进出口总额为 321557 亿元，比上年增长 1.9%。其中，出口 179326 亿元，增长 4.0%；进口 142231 亿元，下降 0.7%。进出口相抵，顺差为 37096 亿元。机电产品出口增长 6%，占出口总额的 59.4%，比上年提高 1.1 个百分点。一般贸易进出口占进出口总额的比重为 59.9%，比上年提高 0.9 个百分点。民营企业进出口增长 11.1%，占进出口总额的比重为 46.6%，比上年提高 3.9 个百分点。12 月，货物进出口总额为 32005 亿元，同比增长 5.9%。其中，出口 18587 亿元，增长 10.9%；进口 13419 亿元，下降 0.2%。进出口相抵，贸易顺差 5168 亿元。受疫情影响，各国生活必需品进口需求旺盛，市场货量上升，中国集运市场再现"一船难求，一箱难求"现象。

全年居民消费价格上涨 2.5%，低于上年 2.9% 的涨幅，也低于 3.5% 左右的全年预期目标。其中，城市上涨 2.3%，农村上涨 3.0%。分类别看，食品烟酒价

格上涨 8.3%，衣着下降 0.2%，居住下降 0.4%，生活用品及服务持平，交通和通信下降 3.5%，教育文化和娱乐上涨 1.3%，医疗保健上涨 1.8%，其他用品和服务上涨 4.3%。在食品烟酒价格中，粮食价格上涨 1.2%，鲜菜价格上涨 7.1%，猪肉价格上涨 49.7%。扣除食品和能源价格的核心 CPI 上涨 0.8%。12 月，居民消费价格同比上涨 0.2%，环比上涨 0.7%。全年工业生产者出厂价格比上年下降 1.8%，12 月同比下降 0.4%，环比上涨 1.1%。全年工业生产者购进价格比上年下降 2.3%，12 月同比持平，环比上涨 1.5%。

全年城镇新增就业 1186 万人，明显高于 900 万人以上的预期目标，完成全年目标的 131.8%。12 月，全国城镇调查失业率为 5.2%，与上年同期持平；其中 25～59 岁人口调查失业率为 4.7%，与上年同期持平。2020 年年均城镇调查失业率为 5.6%，低于 6% 左右的预期目标。12 月，31 个大城市城镇调查失业率为 5.1%。2020 年末，城镇登记失业率为 4.24%，低于 5.5% 左右的预期目标。全年农民工总量为 28560 万人，比上年减少 517 万人，下降 1.8%。其中，本地农民工 11601 万人，下降 0.4%；外出农民工 16959 万人，下降 2.7%。农民工月均收入水平为 4072 元，比上年增长 2.8%。

全年全国居民人均可支配收入为 32189 元，比上年名义增长 4.7%，扣除价格因素实际增长 2.1%，与经济增长基本同步。按常住地分，城镇居民人均可支配收入为 43834 元，比上年名义增长 3.5%，扣除价格因素实际增长 1.2%；农村居民人均可支配收入为 17131 元，比上年名义增长 6.9%，扣除价格因素实际增长 3.8%。城乡居民人均收入比值为 2.56，比上年缩小 0.08。全国居民人均可支配收入中位数为 27540 元，比上年名义增长 3.8%。按全国居民五等分收入分组，低收入组人均可支配收入为 7869 元，中间偏下收入组人均可支配收入为 16443 元，中间收入组人均可支配收入为 26249 元，中间偏上收入组人均可支配收入为 41172 元，高收入组人均可支配收入为 80294 元。全年全国居民人均消费支出为 21210 元，比上年名义下降 1.6%，扣除价格因素实际下降 4.0%。按常住地分，城镇居民人均消费支出为 27007 元，比上年名义下降 3.8%；农村居民人均消费支出为 13713 元，比上年名义增长 2.9%。

从中国经济的韧性来看，拉动中国经济发展的消费、投资、出口"三驾马车"早已回归正常，详见图 1-7。

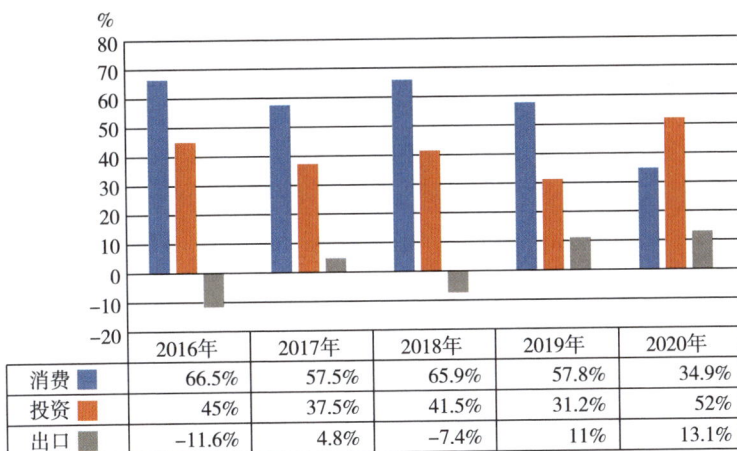

	2016年	2017年	2018年	2019年	2020年
消费	66.5%	57.5%	65.9%	57.8%	34.9%
投资	45%	37.5%	41.5%	31.2%	52%
出口	−11.6%	4.8%	−7.4%	11%	13.1%

图 1-7 2016—2020 年中国经济结构

3. 开放包容多领域多方面与国际社会合作，共建人类命运共同体

《建设高标准市场体系行动方案》明确提出，深化竞争规则领域开放合作。积极推进多双边自由贸易协定竞争政策等议题谈判，加强竞争领域多双边合作交流，不断深化改革，提升合作水平。促进内外贸法律法规、监管体制、经营资质、质量标准、检验检疫、认证认可等相衔接。推动检验检测认证与海外投资、产能合作项目紧密对接，加强国际合格评定人才培养，主动参与认证认可有关国际标准和规则制定。

（1）中国与 WTO

2001 年中国加入世界贸易组织（WTO），这是中国深度参与经济全球化的里程碑，标志着中国改革开放进入历史新阶段。加入世界贸易组织以来，中国积极践行自由贸易理念，全面履行加入承诺，大幅开放市场，实现更广互利共赢，在对外开放中展现了大国担当。中国加入世界贸易组织既发展了自己，也造福了世界。中国积极践行新发展理念，经济发展由高速度向高质量迈进，成为世界经济增长的主要稳定器和动力源。中国奉行互利共赢的开放战略，积极推动共建"一带一路"，在开放中分享机会和利益，在实现自身发展的同时惠及其他国家和人民，增进了全球福祉，促进了共同繁荣。实行高水平的贸易和投资自由化便利化政策，与各国构建利益高度融合、彼此相互依存的命运共同体。中国加入世界贸易组织实现了多赢。

①拉动了世界经济复苏和增长

加入世界贸易组织后，中国改革开放和经济发展进入加速期，中国的发展有力促进了世界经济发展。据《金融时报》（2021年1月14日）披露，2020年中国货物贸易进出口总值为4.92万亿美元，同比增长1.9%。其中，出口2.75万亿美元，增长4%；进口2.18万亿美元，下降0.7%，贸易顺差0.57万亿美元，增长27.4%。出口方面，防疫物资和"宅经济"产品推动出口较快增长。其中，包括口罩在内的纺织品、医疗器械、药品合计增长了31%，拉动整体出口增长1.9个百分点。出口的笔记本电脑、平板电脑、家用电器合计增长了22.1%，拉动整体出口增长1.3个百分点。这些出口商品既保障了全球防疫物资的需求，也满足了世界人民在疫情期间的居家工作和消费需求。国内超大规模市场也为扩大进口提供了有力支撑。2020年，原油、金属矿砂等进口量分别增长了7.3%和7%，粮食、肉类等农产品进口量分别增长了28%和60.4%。

2020年，中国国内生产总值占世界的比重达到17%，较2001年提高12.9个百分点。自2002年以来，中国对世界经济增长的平均贡献率接近30%，是拉动世界经济复苏和增长的重要引擎。

中国新型工业化、信息化、城镇化、农业现代化快速推进，形成巨大的消费和投资空间，为全球创造了更多就业。根据国际劳工组织发布的首份《中国与拉美和加勒比地区经贸关系报告》，1990—2016年，中国为拉美和加勒比地区创造了180万个就业岗位。

②对外贸易发展惠及全球

加入世界贸易组织以来，中国对外贸易持续发展，惠及14亿中国人民，也惠及世界各国人民。

面对国际金融危机等前所未有的困难和挑战，中国采取有效措施积极应对，努力促进对外贸易回稳向好。世界贸易组织数据显示，2020年，中国在全球货物贸易进口和出口总额中所占的比重分别达到14.2%和11.5%，均创新高，是120多个国家和地区的主要贸易伙伴。中国货物贸易出口为全球企业和民众提供了物美价优的商品；自中国加入世界贸易组织以来货物贸易进口额年均增长13.5%，高出全球平均水平6.9个百分点，已成为全球第二大进口国。自2009年以来，中国一直是最不发达国家第一大出口市场，吸收了最不发达国家五分之一的出口。

据商务部披露，2001—2020年，中国服务贸易进口从393亿美元增至4042.42亿美元，年均增长16.7%，占全球服务贸易进口总额的比重接近10%。自2013年起，中国成为全球第二大服务贸易进口国，为带动出口国当地消费、增加就业、促进经济增长做出了重要贡献。以旅游服务为例，中国连续多年保持世界第一大出境旅游客源国地位。2019 年，入出境旅游总人数突破 3 亿人次，同比增长 3.1%，其中上半年境外旅游消费达 1275 亿美元。

中国贸易模式的创新也为世界贸易的增长带来了新的动力。跨境电商等对外贸易新业态新模式快速发展，为贸易伙伴提供了更加广阔的市场。2020 年，中国跨境电子商务进出口商品总额为 2588.06 亿美元，同比增长 80.6%，其中进口为 872.89 亿美元，同比增长高达 120%。

③双向投资造福世界各国

中国积极吸引外国机构和个人来华投资兴业，外商直接投资规模从 1992 年起连续 26 年居发展中国家首位。加入世界贸易组织后，外商直接投资规模从 2001 年的 468.8 亿美元增加到 2020 年的 1531.39 亿美元，年均增长 6.2%。外商投资企业在提升中国经济增长质量和效益的同时，也分享中国经济发展红利。中国美国商会发布的《中国商务环境调查报告》显示，约 60% 的受访企业将中国列为全球三大投资目的地之一，74% 的会员企业计划扩大在华投资，这一比例为近年来最高，其中三分之一的受访企业计划增加在华投资 10% 以上，超过一半的会员企业计划扩大在华运营规模。2020 年，全国新设立外商投资企业 38570 家。

中国对外投资合作持续健康规范发展，对外直接投资年度流量全球排名从加入世界贸易组织之初的第 26 位上升至 2020 年的第 2 位。中国对外投资合作加快了东道国当地技术进步的步伐，促进其经济发展和民生改善，创造了大量就业机会。

④为全球提供公共产品

中国的发展得益于国际社会，也愿为国际社会提供更多公共产品。中国致力于打造开放型合作平台，维护和发展开放型世界经济，与其他国家共同构建广泛的利益共同体。面对世界经济发展困境，中国提出共建"一带一路"倡议。"一带一路"倡议源于中国，但机会和成果属于世界，对于促进各个国家和地区之间深化合作和共同发展，维护和发展开放型世界经济，推动开放、包容、普惠、平衡、共赢的经济全球化，推动构建人类命运共同体发挥了重要作用。《中国与世界贸易组织》白皮书显示，共建"一带一路"倡议提出以来，已有 80 多个国家和国际组织同中国签署了合作协议。中国与相关国家深化务实合作，取得了丰硕成果。2013—2020 年，中国同沿线国家贸易总额超过 7.8 万亿美元，中国企业在这些国家累计投资超过 1100 亿美元。截至 2020 年末，中国企业在沿线 24 个国家建设了 82 个境外经贸合作区，上缴东道国税费超过 20 亿美元，为当地创造了 30 万个就业岗位。自 2018 年起，中国将在 3 年内向参与"一带一路"建设的发展中国家和国际组织提供 92 亿美元援助，建设更多民生项目。

2018 年 11 月，中国举办了首届中国国际进口博览会。中国国际进口博览会是中国发起的、多个国际组织和 100 多个国家参与的国际博览会，是推动全球包容互惠发展的国际公共产品。举办进口博览会是中国推进新一轮高水平对外开放的重大决策，是中国主动向世界开放市场的重大举措，是中国支持经济全球化和贸易自由化的实际行动。未来 15 年，中国预计将进口 24 万亿美元商品。中国国际进口博览会将为各国出口提供新机遇，为各国共享中国发展红利搭建新平台，为世界经济增长注入新动力。

（2）上海合作组织

上海合作组织（Shanghai Cooperation Organization，SCO），简称上合组织，成立于 2001 年 6 月 15 日，是哈萨克斯坦共和国、中华人民共和国、吉尔吉斯斯坦、俄罗斯联邦、塔吉克斯坦共和国、乌兹别克斯坦共和国在上海宣布成立的永久性政府间国际组织。截至 2020 年，上海合作组织共包含 8 个成员国、4 个观察员国、6 个对话伙伴。自上海合作组织成立以来，共签署了《上海合作组织成立宣言》和《打击恐怖主义、分裂主义和极端主义上海公约》等 22 份正式文件。2018 年 6 月 10 日，国家主席习近平在山东青岛出席上海合作组织成员国元首理事会第十八次会议，中国政府支持在青岛建设中国—上海合作组织地方经贸合作示范区，还设立了"中国—上海合作组织法律服务委员会"，为经贸合作提供法律支持。

2018 年 7 月 26 日，位于山东胶州的中国—上海合作组织地方经贸合作示范区青岛多式联运中心启用，为示范区发展提供运输便利。

2018 年 10 月，中国—上海合作组织地方经贸合作示范区核心区举行集中开工仪式。这是示范区核心区首批建设项目，总投资 437 亿元、26 个项目，标志着示范区建设正式启动。

2019 年 5 月，商务部正式复函，支持青岛创建全国首个"中国—上海合作组织地方经贸合作示范区"。示范区将按照"物流先导、跨境发展、贸易引领、产能合作"的发展模式，积极探索与上合组织国家经贸合作模式创新，形成可复制可推广的上合组织地方经贸合作经验做法，全力打造面向上合组织国家的对外开放新高地。

2019 年 7 月 24 日下午，中央全面深化改革委员会第九次会议审议通过了《中国—上海合作组织地方经贸合作示范区建设总体方案》。

2020 年，上海合作组织成员国 GDP 总和约为 16.45 万亿美元。中国与其他 5 国贸易额达 1236.89 亿美元，其中前三分别是中国—俄罗斯（贸易额 1077.7 亿美元）、中国—哈萨克斯坦（贸易额 93.5 亿美元）、中国—乌兹别克斯坦（贸易额 59.47 亿美元）。

（3）金砖五国

巴西、俄罗斯、印度、南非和中国金砖五国合作十多年来取得了丰硕成果，金砖国家携手同行，探索进取，务实为先，敢于担当、拓展合作，推进互利合作、谋求共同发展，成长为世界经济的新亮点。金砖合作之所以得到快速发展，关键在于找准了合作之道。这就是互尊互助，携手走适合本国国情的发展道路；秉持开放包容、合作共赢的精神，持之以恒推进经济、政治、人文合作；倡导国际公平正义，同其他新兴市场国家和发展中国家和衷共济，共同营造良好的外部环境。2020 年 11 月 18 日，巴西、俄罗斯、印度、南非和中国金砖五国领导人第十二次会晤，表示要推进金砖国家经济伙伴关系，深化贸易投资、数字经济、科技创新、能源、气候变化等领域务实合作；共同维护以世界贸易组织为代表的多边贸易体制，推动共建人类命运共同体。2020 年金砖五国 GDP 总额达 19.78 万亿美元，中国与其他 4 国的贸易总额为 2703.7 亿美元，其中，中国—俄罗斯贸易额为 1077.7 亿美元，中国—印度贸易额为 777 亿美元，中国—巴西贸易额为 701 亿美元，中国—南非贸易额为 148.86 亿美元。

（4）RCEP

2020 年 11 月 15 日，全球规模最大的自贸协定 RCEP 正式签署，成员国包括东盟 10 国与中国、日本、韩国、澳大利亚、新西兰。15 国 GDP 总额达 26 万亿美元，覆盖约 23 亿人口，出口总额达 5.2 万亿美元，均占全球总量的 30%。据美国彼得森国际经济研究所测算，到 2030 年，RCEP 有望带动成员国出口净增加 5190 亿美元，国民收入净增加 1860 亿美元。这为中国的发展又加上了一个大动力引擎。

随着以国内大循环为主体、国内国际双循环相互促进的新发展格局加快形成，高水平对外开放不断推进，新的国际合作和竞争新优势不断形成。

（5）数字人民币国际化

中国正在积极推进数字人民币，寻求在与其他国家的经济活动中引入数字人民币，并作为人民币国际化的主要推手。随着数字人民币的推出与用途的推广，人民币的国际地位逐年上升。这有利于中国经济的全球化、中国金融的国际化。数字人民币的推广运用，可进一步巩固中国的大国地位。

（二）中国未来十年投资方向预判

对中国未来投资方向的预判，应重点从《中华人民共和国国民经济和社会发展第十四个五年规划和 2035 年远景目标纲要》和国内国际双循环来进行，因为资本市场是为经济发展服务的，投资必须踏准国家经济建设的步伐。按照《中华人民共和国国民经济和社会发展第十四个五年规划和 2035 年远景目标纲要》，未来十年中国将在以下多个方面发力，这就意味着这些领域将会得到大发展，同时也意味着这些领域蕴含着巨大的投资机会。

1. 消费领域

消费不只是中国的主题，也是全世界永恒的主题。内外循环都离不开消费。在疫情严重的极端情况下，吃的、喝的都是人们的第一需求。当中国控制了疫情，复工复产后发往世界各地的不是防疫物资便是生活用品。"十四五"期间，我国必然要大力促进消费，加强消费对经济发展的基础性作用，顺应和推进消费升级，提升传统消费，培育新型消费，适当增加公共消费。以质量品牌为重点，促进消费向绿色、健康、安全发展，鼓励消费新模式新业态发展。推动汽车等消费品由购买管理向使用管理转变，促进住房消费健康发展。健全现代流通体系，发展无接触交易服务，降低企业流通成本，促进线上线下消费融合发展，开拓城乡消费市场。发展服务消费，放宽服务消费领域市场准入，扩大节假日消费。培育国际消费中心城市，改善消费环境，强化消费者权益保护。在中国，消费已成为拉动经济发展的"三驾马车"之首。2016—2020 年，消费平均占比高达 56.52%，投资占 41.44%，出口仅占 2.04%。因此，消费领域的投资机会多多。

2. 新兴产业领域

新一代信息技术、生物技术、新能源、新材料、高端装备、新能源汽车、绿色环保以及航空航天、海洋装备等产业，互联网、大数据、人工智能等先进制造业集群中黑马多多。新技术、新产品、新业态、新模式，平台经济、共享经济中都有很好的投资品种。"十四五"期间还将发展数字经济，推进数字产业化和产业数字化，推动数字经济和实体经济深度融合，打造具有国际竞争力的数字产业集群。加强数字社会、数字政府建设，提升公共服务、社会治理等数字化智能化水平。建立数据资源产权、交易流通、跨境传输和安全保护等基础制度和标准规范，推动数据资源开发利用。扩大基础公共信息数据有序开放，建设国家数据统一共享开放平台。保障国家数据安全，加强个人信息保护。提升全民数字技能，实现信息服务全覆盖。积极参与数字领域国际规则和标准制定。

3. 健康医疗领域

"十四五"规划把保障人民健康放在优先发展的战略位置，坚持预防为主的方针，深入实施健康中国行动，完善国民健康促进政策，织牢国家公共卫生防护网，为人民提供全方位全周期健康服务。改革疾病预防控制体系，强化监测预警、风险评估、流行病学调查、检验检测、应急处置等职能。建立稳定的公共卫生事业投入机制，加强人才队伍建设，改善疾控基础条件，完善公共卫生服务项目，强化基层公共卫生体系。落实医疗机构公共卫生责任，创新医防协同机制。完善突发公共卫生事件监测预警处置机制，健全医疗救治、科技支撑、物资保障体系，提高应对突发公共卫生事件能力。坚持基本医疗卫生事业公益属性，深化医药卫生体制改革，加快优质医疗资源扩容和区域均衡布局，加快建设分级诊疗体系，加强公立医院建设和管理考核，推进国家组织药品和耗材集中采购使用改革，发展高端医疗设备。支持社会办医，推广远程医疗。坚持中西医并重，大力发展中医药事业。提升健康教育、慢病管理和残疾康复服务质量，重视精神卫生和心理健康。深入开展爱国卫生运动，促进全民养成文明健康生活方式。完善全民健身公共服务体系。加快发展健康产业。因此，生物健康医疗类投资品种较多。

4. 科技领域

科技就是生产力，科技水平高低、科技创新能力强弱可以衡量一个国家的生产力水平和经济发展水平。尤其是关键核心技术不掌握必然受制于人。未来10年，中国必须打破国际技术壁垒，自主创新、自主生产，再也不能被人卡脖子。因此，"十四五"规划提出要打好关键技术和核心技术攻坚战，提高创新链整体效能。加强基础研究、注重原始创新，优化学科布局和研发布局，推进学科交叉融合，完善共性基础技术供给体系。瞄准人工智能、量子信息、集成电路、生命健康、脑科学、生物育种、空天科技、深地深海等前沿领域，实施一批具有前瞻性、战略性的国家重大科技项目。制定实施战略性科学计划和科学工程，推进科研院所、高校、企业科研力量优化配置和资源共享。推进国家实验室建设，重组国家重点实验室体系。布局建设综合性国家科学中心和区域性创新高地。提升企业技术创新能力，强化企业创新主体地位，促进各类创新要素向企业集聚。推进产学研深度融合，支持企业牵头组建创新联合体，承担国家重大科技项目。发挥企业家在技术创新中的重要作用，鼓励企业加大研发投入，对企业投入基础研究实行税收优惠。发挥大企业引领支撑作用，支持创新型中小微企业成长为创新重要发源地，加强共性技术平台建设，推动产业链上中下游、大中小企业融通创新。深入推进科技体制改革，完善国家科技治理体系，优化国家科技规划体系和运行机制，推动重点领域项目、基地、人才、资金一体化配置。改进科技项目组织管理方式，实行"揭榜挂帅"等制度。完善科技评价机制，优化科技奖励项目。加快科研院所改革，扩大科研自主权。加强知识产权保护，大幅提高科技成果转移转化成效。加大研发投入，健全政府投入为主、社会多渠道投入机制，加大对基础前沿研究支持。完善金融支持创新体系，促进新技术产业化规模化应用。弘扬科学精神和工匠精神，加强科普工作，营造崇尚创新的社会氛围。健全科技伦理体系。促进科技开放合作，研究设立面向全球的科学研究基金。创新科技领域投资机会较多。

5. 国防和科工领域

加快军事理论现代化，与时俱进创新战争和战略指导，健全新时代军事战略体系，发展先进作战理论。加快军队组织形态现代化，深化国防和军队改革，推进军事管理革命，加快军兵种和武警部队转型建设，壮大战略力量和新域新质作战力量，打造高水平战略威慑和联合作战体系，加强军事力量联合训练、联合保障、联合运用。加快军事人员现代化，贯彻新时代军事教育方针，完善三位一体新型军事人才培养体系，锻造高素质专业化军事人才方阵。加快武器装备现代化，聚力国防科技自主创新、原始创新，加速战略性前沿性颠覆性技术发展，加速武器装备升级换代和智能化武器装备发展。

促进国防实力和经济实力同步提升。同国家现代化发展相协调，搞好战略层面筹划，深化资源要素共享，强化政策制度协调，构建一体化国家战略体系和能力。推动重点区域、重点领域、新兴领域协调发展，集中力量实施国防领域重大工程。优化国防科技工业布局，加快标准化通用化进程。完善国防动员体系，健全强边固防机制，强化全民国防教育，巩固军政军民团结。

6. 环保领域

"十四五"规划强化国土空间规划和用途管控，落实生态保护、基本农田、城镇开发等空间管控边界，减少人类活动对自然空间的占用。强化绿色发展的法律和政策保障，发展绿色金融，支持绿色技术创新，推进清洁生产，发展环保产业，推进重点行业和重要领域绿色化改造。推动能源清洁低碳安全高效利用。发展绿色建筑。开展绿色生活创建活动。降低碳排放强度，支持有条件的地方率先达到碳排放峰值，制定 2030 年前碳排放达峰行动方案。

持续改善环境质量，增强全社会生态环保意识，深入打好污染防治攻坚战。继续开展污染防治行动，建立地上地下、陆海统筹的生态环境治理制度。强化多污染物协同控制和区域协同治理，加强细颗粒物和臭氧协同控制，基本消除重污染天气。治理城乡生活环境，推进城镇污水管网全覆盖，基本消除城市黑臭水体。推进化肥农药减量化和土壤污染治理，加强白色污染治理。加强危险废物医疗废物收集处理。完成重点地区危险化学品生产企业搬迁改造。重视新污染物治理。全面实行排污许可制，推进排污权、用能权、用水权、碳排放权市场化交易。完善环境保护、节能减排约束性指标管理。完善中央生态环境保护督察制度。积极参与和引领应对气候变化等生态环保国际合作。提升生态系统质量和稳定性。

7. 服务领域

"十四五"规划将推动金融、房地产同实体经济均衡发展，实现上下游、产供销有效衔接，促进农业、制造业、服务业、能源资源等产业门类关系协调。破除妨碍生产要素市场化配置和商品服务流通的体制机制障碍，降低全社会交易成本。完善扩大内需的政策支撑体系，形成需求牵引供给、供给创造需求的更高水平动态平衡。

推动生产性服务业向专业化和价值链高端延伸，推动各类市场主体参与服务供给，加快发展研发设计、现代物流、法律服务等服务业，推动现代服务业同先进制造业、现代农业深度融合，加快推进服务业数字化。推动生活性服务业向高品质和多样化升级，加快发展健康、养老、育幼、文化、旅游、体育、家政、物业等服务业，加强公益性、基础性服务业供给。

8. 制造业和基础设施领域

提升产业链供应链现代化水平，保持制造业比重基本稳定，巩固壮大实体经济根基。坚持自主可控、安全高效，分行业做好供应链战略设计和精准施策，推动全产业链优化升级。锻造产业链供应链长板，立足我国产业规模优势、配套优势和部分领域先发优势，打造新兴产业链，推动传统产业高端化、智能化、绿色化，发展服务型制造。完善国家质量基础设施，加强标准、计量、专利等体系和能力建设，深入开展质量提升行动。促进产业在国内有序转移，优化区域产业链布局，支持老工业基地转型发展。补齐产业链供应链短板，实施产业基础再造工程，加大重要产品和关键核心技术攻关力度，发展先进适用技术，推动产业链供应链多元化。优化产业链供应链发展环境，强化要素支撑。加强国际产业安全合作，形成具有更强创新力、更高附加值、更安全可靠的产业链供应链。

构建系统完备、高效实用、智能绿色、安全可靠的现代化基础设施体系。系统布局新型基础设施，加快第五代移动通信、工业互联网、大数据中心等建设。加快建设交通强国，完善综合运输大通道、综合交通枢纽和物流网络，加快城市群和都市圈轨道交通网络化，提高农村和边境地区交通通达深度。推进能源革命，完善能源产供储销体系，加强国内油气勘探开发，加快油气储备设施建设，加快全国干线油气管道建设，建设智慧能源系统，优化电力生产和输送通道布局，提升新能源消纳和存储能力，提升向边远地区输配电能力。加强水利基础设施建设，提升水资源优化配置和水旱灾害防御能力。

加快补齐基础设施、市政工程、农业农村、公共安全、生态环保、公共卫生、物资储备、防灾减灾、民生保障等领域短板，推动企业设备更新和技术改造，扩大战略性新兴产业投资。推进新型基础设施、新型城镇化、交通水利等重大工程建设，支持有利于城乡区域协调发展的重大项目建设。实施星际探测、北斗产业化等重大工程，推进重大科研设施、重大生态系统保护修复、公共卫生应急保障、重大引调水、防洪减灾、送电输气、沿边沿江沿海交通等一批强基础、增功能、利长远的重大项目建设。制造业和基础产业中可投资品种也有很多。

9. 教育产业

"十四五"规划将健全学校家庭社会协同育人机制，提升教师教书育人能力素质，增强学生文明素养、社会责任意识、实践本领，重视青少年身体素质和心理健康教育。坚持教育公益性原则，深化教育改革，促进教育公平，推动义务教育均衡发展和城乡一体化，完善普惠性学前教育和特殊教育、专门教育保障机制，鼓励高中阶段学校多样化发展。加大人力资本投入，增强职业技术教育适应性，深化职普融通、产教融合、校企合作，探索中国特色学徒制，大力培养技术技能人才。提高高等教育质量，分类建设一流大学和一流学科，加快培养理工农医类专业紧缺人才。提高民族地区教育质量和水平，加大国家通用语言文字推广力度。支持和规范民办教育发展，规范校外培训机构。发挥在线教育优势，完善终身学习体系，建设学习型社会。

10. "一带一路"相关产业

"十四五"规划强调坚持共商共建共享原则，秉持绿色、开放、廉洁理念，深化务实合作，加强安全保障，促进共同发展。推进基础设施互联互通，拓展第三方市场合作。构筑互利共赢的产业链供应链合作体系，深化国际产能合作，扩大双向贸易和投资。坚持以企业为主体，以市场为导向，遵循国际惯例和债务可持续原则，健全多元化投融资体系。推进战略、规划、机制对接，加强政策、规则、标准联通。深化公共卫生、数字经济、绿色发展、科技教育合作，促进人文交流。

（三）对资本市场的巨大需求

未来十年，中国在逐渐成长为世界第一大经济体的过程中，将会有大量优质公司上市，其对资本市场直接融资的需求将是巨大的。同时，大量优质公司的上市又会给资本市场带来无限的生机与活力，给投资人带来源源不断的投资机会。

2020 年美国 GDP 为 21 万亿美元，而美国股票市场总市值为 40 万亿美元，差不多是其 GDP 的两倍。日本股市总市值占 GDP 的比重约为 120%，德国股市总市值占 GDP 的比重约为 106%，法国股市总市值占 GDP 的比重约为 109%。2020 年末，中国股票市场总市值为 81 万亿元，折合 12.55 万亿美元，占 GDP 的比重约为 79.41%。到 2030 年，中国 GDP 将达到 170 万亿元，按人民币对美元汇率 6.45 计算，折合 26.35 万亿美元。如果中国股票市场市值占 GDP 的 79.41% 这一比例不变，2030 年中国股票市场市值约为 135.00 万亿元，折合 20.93 万亿美元。这意味着中国股票市场新增规模将达 54.00 万亿元。而且股票市场市值仅占 79.41% 这个比例和 26.35 万亿美元绝对值与未来中国世界第一大经济体的体量与地位十分不相称。再从直接融资与间接融资比来看，2020 年美国银行业总资产达 21 万亿美元，仅为其股票市场总市值的一半。美国企业对资金的需求早已是以资本市场直接融资为主。据中国人民银行官网披露，2020年末中国银行业本外币贷款新增 19.63 万亿元，余额达 178.4 万亿元，同比增长 12.5%，是沪深两市股票市值的 2.88 倍。相比而言，目前中国企业要解决资金需求仍然是以银行贷款间接融资为主，资本市场直接融资所占的比例仍然太低。因此，为了支持实体经济快速发展，中国将会提高资本市场直接融资比例，直到以资本市场直接融资为主，以资本市场直接融资解决大量企业的资金需求。这会极大地丰富资本市场投资产品，从而给投资者带来巨大的商机。

二、国际资本新洼地：中国资本市场

20 世纪 70 年代末改革开放的春风沐浴神州大地，中国从计划经济体制向市场经济体制转型，催生了股份制改革和股份制经济，内地资本市场和股票交易场所应运而生。上海证券交易所（Shanghai Stock Exchange）于 1990 年 11 月 26 日创立，同年 12 月 19 日正式开始营业，最初上市交易的股票仅有延中实业、真空电子、飞乐音响、爱使电子、申华电工、飞乐股份、豫园商场、凤凰化工 8 只股票，也就是所谓的"老八股"。接着，1991 年 7 月 3 日深圳证券交易所（Shenzhen Stock Exchange）正式营业，但交易的股票仅有 5 只，两市总市值不过 20 多亿元。1992 年邓小平同志南方谈话后，中国确立的经济体制改革目标是建立社会主义市场经济体制，股份制成为国有企业改革的方向，更多的国有企业实行股份制改造并开始在资本市场发行上市。1993 年，股票发行试点正式由上海、深圳推广至全国，打开了资本市场进一步发展的空间。从 1998 年开始，中国正式启用法律法规手段规范管理股票市场。自 1998 年 4 月起建立了全国集中统一的证券监管体制，国务院确定中国证监会作为国务院直属单位，成为全国证券期货市场的主管部门，同时其职能得到了加强。为了鼓励中小型公司创新，构筑多层次资本市场，2004 年 6 月 25 日，深交所中小板（SME Board）正式推出。2005 年 5 月开始的股权分置改革，是中国股市重塑的一个过程。截至 2007 年底，沪深两市 98% 的应股改公司完成或者已进入股改程序，股权分置改革在两年的时间里基本完成。为了服务自主创新的新兴企业和其他成长型创业企业，2009 年 10 月 30 日，创立板正式推出。之后，中国股市进入了蓬勃发展的时代，并加速了直接融资步伐，一大批公司成功上市。此外，中国股票市场还采取了包括提高上市公司质量、大力发展机构投资者、改革发行制度等一系列举措。资本市场由此对中国的经济和社会产生了重要影响，全社会开始重新认识和审视资本市场的功能和作用。近几年来新经济迅猛崛起，为了重点支持新一代信息技术、高端装备、新材料、新能源、节能环保以及生物医药等高新技术产业和战略性新兴产业发展，推动互联网、大数据、云计算、人工智能和制造业深度融合，引领中高端消费，推动质量变革、效率变革、动力变革，2019 年 6 月 13 日，科创板（The Science and Technology Innovation Board; STAR Market）正式开板，这是独立于现有主板市场的新设板块，并在该板块内进行注册制试点。2021 年 2 月 5 日，中国证监会宣布，批准深圳证券交易所主板和中小板合并。2021 年 4 月 6 日，深圳证券交易所主板和中小板合并落地，组建而成的新深市迈向新征程。

中国资本市场经过短短 30 年的发展，从无到有，从小到大，截至 2021 年 6 月，A 股市场共有 4372 家上市公司，直接融资总额超过 16 万亿元，沪深两市总市值达 93 万亿元，上市公司合计分红金额达 10.41 万亿元。中国资本市场已经成为全球资本市场的重要组成部分。

2021 年 9 月 2 日晚，国家主席习近平在 2021 年中国国际服务贸易交易会全球服务贸易峰会上表示，我们将继续支持中小企业创新发展，深化新三板改革，设立北京证券交易所，打造服务创新型中小企业主阵地。2021 年 11 月 15 日，北京证券交易所（Beijing Stock Exchange）正式开市，81 家公司首批上市，投资者超过 400 万户。北京证券交易所新股上市首日不设涨跌幅限制，次日起涨跌幅限制为 30%。继深圳创业板、上海科创板之后，北京新三板的优化，尤其在服务贸易或数字贸易板块的强化，使得未来中国多层次资本市场这一横向拓展，便于创新和开放的渠道更加专业化、更加便利化，增强各市场之间的协同效应。未来中国经济金融要素竞争力的培育是关键，所以，市场准入门槛和机构化的比例增加，以及注册制和退市制度的改革深化，将在新三板中更为明显。新三板将主要服务"专精特新"中小企业，战略聚焦科技创新。未来，机构投资主导的市场将提高分红的比例，从而改变过去由于吸收社会流动性而产生的短期追逐流动性获利的投机风格，这样一种通过引导高储蓄去寻求通过长期投资带来的价值创造的机会，有利于缓解长期资金短期配置的扭曲行为，对于以养老金和保险资金等长期负债为结构的金融机构，能够通过增加未来长期投资的机会来提升绩效。其意义：一是发展了多层次资本市场服务多元化创新需求，如北京强化数字经济和由此带来的服务贸易大力发展的场景。二是增加价值投资资产配置的标的，释放诸如房地产市场金融堰塞湖和过度依赖银行等间接金融体系产生的高杠杆风险。三是金融为实体经济服务要追求结构优化，防范金融市场准入门槛"一刀切"带来的融资过度或融资不足问题。北京证券交易所的成立有利于中概股回归，增加价值投资的标的，有助于金融开放循序渐进。此外，随着中国改革开放的持续深化，未来在总结国内资本市场成功经验的基础上，选择适当时机再推出一个国际证券交易所或国际板交易所也是有可能的，也可以说是必然的。这样可以鼓励全球优秀企业到中国资本市场上市，既活跃中国资本市场，提升中国经济的竞争力，还可推动和引领世界经济的发展，共建人类命运共同体。

展望未来，随着中国经济的快速发展，改革开放的继续深化，以及金融市场的全面放开，中国资本市场必将成为全球资金资本的新洼地和聚集地。

（一）中国经济牵引源头活水资金源源不断流向资本市场

中国经济发展持续创造投资需求，国内增量长线资金源源不断加盟，国际资金也会纷纷加盟。随着房地产市场调控的持续，以及 2021 年银行保本理财清零继而全面推行净值型产品政策，必然促使和增加居民对权益类资产的配置。A股投融资均衡新生态正在加速形成。

1. 未来十年每年将新增个人投资者 1480 万人，每年将带来 1.48 万亿元增量资金

中国经济快速持续向好发展和小康社会的实现，造就了 4 亿中产阶层，以及他们的投资需求，4 亿中产阶层蕴藏着无限的投资潜力。中国证券登记结算有限责任公司的数据显示，截至 2021 年 2 月底，中国股民人数达 1.81 亿人，比 2015 年末的 1 亿人增加了 8100 多万人，增长 81%，平均每年新增 1620 万人。尽管如此，也只占中国中产阶层的 45.25%，增长空间很大，若按此前的平均速度增长，2030 年中国个人投资者人数将达到 3.43 亿人，新增个人投资者 1.62 亿人。一般而言，在中国股票市场中，法人持有市值占 63.7%，个人投资者持有市值占 20.7%，机构投资者持有市值占 15.6%。按此计算，2020 年末个人投资者平均持有市值近 10 万元。据此推算，未来每年新增个人投资者将至少带来 1.62 万亿元的增量资金。

2. 国内新基金爆棚成立，预计每年将带来 3 万亿元增量规模

目前公募基金规模已突破 18 万亿元，2020 年新成立基金近 3000 只，新成立基金发行份额达 2.85 万亿份，创年度新基金发行数量和份额历史新高。截至 2020 年底，中国私募基金总规模为 16 万亿元。从结构来看，2020 年末偏股型基金发行总额则达 20289.46 亿元，相较 2010 年的 1957.45 亿元增长了 9.36 倍。

2021 新年伊始，国内新基金爆棚成立。据《中国证券报》报道，截至 2021 年 2 月 10 日，短短 40 天内便成立了 184 只基金，发行规模达 6385.74 亿元。其中，多数是权益类基金，达 159 只，占比 86.41%，发行规模达 5752.93 亿元，占新发行总规模的 90.09%。其中，有 84 只新基金已开始建仓。2021 年 2 月 18 日牛年首个交易日，易方达、景顺长城、鹏华等基金公司旗下 12 只新基金开始认购。到 2 月底，国内市场总共要发行 65 只新基金。第一季度发行规模已超过 8000 亿元，全年发行规模将超过 3 万亿元。

据南方财富网披露，2020 年 A 股的机构投资者市值占比为 13%，美国股市中机构投资者市值占比达 57%。而基金的规模只有美国的 1/10，股票型基金的规模只有美国的 1/100。在中国逐渐迈向世界第一大经济体的过程中，中国机构投资者队伍会随之壮大，新基金发行规模也会逐年上升。

3. 预计 A 股上市公司每年将提供 1.5 万亿元的现金分红

据中国上市公司协会披露，自 2017 年 A 股上市公司现金分红金额首次突破万亿元大关后，每年按 10% 的比例稳步增长，2019 年上市公司现金分红达 1.36 万亿元，2020 年现金分红逾 1.5 万亿元。2021 年经济好于 2020 年已是大概率事件，因此，上市公司现金分红总额预计会有大幅提升。

4. 国内养老金将持续为资本市场增加长期稳定的源头活水

中国养老保障体系由三个支柱构成，第一支柱是由国家主导的基本养老保险，第二支柱是由单位主导、个人参与的补充养老保险，即职业年金和企业年金，第三支柱是实施个税递延、由个人购买的养老产品，或养老储蓄计划、其他投资计划等。2021 年新年伊始，监管部门便两次公开发声，鼓励养老金入市。随着时间的推移，养老金必将成为中国资本市场的"稳定器""压舱石"。

（1）第一支柱基本养老保险，预计委托投资基本养老保险基金每年可新增 2000 亿元左右

党的十八大以来，国家进一步加强了社会养老保障体系建设。根据人力资源社会保障部发布的数据，社会保障制度改革持续深化，截至 2020 年底，全国基本养老、失业、工伤保险参保人数分别为 9.99 亿人、2.17 亿人、2.68 亿人，分别比 2019 年底增加 3128 万人、1147 万人、1291 万人。全国社会保障卡持卡人数达到 13.35 亿人。超万亿元基本养老金到账投资运营，截至 2020 年底，所有省份均启动实施基本养老保险基金委托投资工作，合同规模达 1.24 万亿元，到账金额为 1.05 万亿元，而 2018 年和 2019 年委托投资基本养老保险基金分别为 8580 亿元和 1.09 万亿元，可以预期未来委托投资基本养老保险基金每年可新增 2000 亿元左右。

（2）第二支柱补充养老保险，即企业年金和职业年金，每年将有 1500 亿至 2500 亿元增量资金投入资本市场

①企业年金基金每年将积累 4934 亿元，按 20% 计算，每年将有近 1000 亿元投入股票市场

第二支柱中的企业年金开始于《关于企业职工养老保险制度改革的决定》（国发〔1991〕33 号）的颁布；2004 年，国家正式颁布了《企业年金试行办法》和《企业年金基金管理试行办法》，随后又颁布了《企业年金基金管理机构资格认定暂行办法》等一系列配套政策，这标志着中国规范化管理的企业年金制度的确立和企业年金市场正式启动。企业年金作为补充养老保险，充分体现了养老保障国家、企业和个人共同分担的理念，凸显了企业的社会责任和对员工的

人文关怀，明确了个人也应该在企业年金中承担养老的责任。企业年金经过十几年的积累，已经有了一定基础，根据人力资源社会保障部的数据，截至2020年末，共有10.5万个企业建立了企业年金计划，同比增长9.4%；参加职工人数为2717.5万人，同比增长6.7%，占缴纳基本养老保险职工总数的6.28%，积累基金2.10万亿元，同比增加3996亿元，同比增长23.57%。按20%的仓位计算，也有近800亿元投入了股票市场。

　　未来十年，我国企业年金市场空间巨大。根据人力资源社会保障部的数据，截至2020年末，我国建立了企业年金计划的企业仅占企业总数的1.06%，说明我国尚有90%以上的企业未建企业年金计划。再从人数上看，人力资源社会保障部对补充养老保险提出了2050年覆盖60%以上职工的明确目标，这意味着以当前缴纳基本养老保险的职工为基数计算，补充养老保险将覆盖2.55亿人，扣减目前已参加补充养老保险的人数，未来全国还将有1.88亿人要参加第二支柱企业年金计划，平均每年将有627万员工参加企业年金计划，将积累企业年金基金4934亿元，按20%（监管规定不能超过40%）计算，每年将有近1000亿元长期稳定的增量资金流入股票市场。这还只是保守的估算，因为随着工资基数的提高，在缴纳比例不变的条件下基金也自然会有一个阶梯式增长。

　　②职业年金基金活水稳定长期注入500亿至1000亿元增量资金

　　2014年，在总结企业年金运行成功经验的基础上，为健全和完善第二支柱养老保障事业，实现全社会的养老保障并轨，国家决定开始建立职业年金。国务院办公厅于2015年4月6日正式颁布《机关事业单位职业年金办法》，其中第十六条规定，职业年金自2014年10月1日起实施。职业年金与企业年金都属第二支柱养老保障。与企业年金相比，职业年金是政府强制建立的，覆盖政府机关事业单位4000万职工，职业年金缴费比例与企业年金相同，即单位缴纳8%，个人缴纳4%。社保经办机构作为代理人承担账户管理职责，市场化选择受托人、托管人和投资管理人。职业年金具有强制性，其基金积累效益更明显，年缴费在2600亿元左右，从2014年10月到2020年，全国累计缴费已有15600亿元左右。截至2021年6月底，全国31个省份共33个职业年金基金计划全部进行了招投标，并进行投资运作。若保守地按20%～40%的比例投入资本市场，未来每年资本市场将新增职业年金基金500亿至1000亿元增量资金。

　　（3）第三支柱个人商业养老保险，全国全面推开后预计每年新增与资本市场相关联的长期稳定资金约4600亿元

　　2021年应是真正的第三支柱建立和发展的元年。2020年12月中央经济工

作会议提出来的规范发展第三支柱，意义非常深刻。未来 10 年，我国第三支柱养老保险将迎来最好的发展机遇。在中央经济工作会议召开前后，监管层频频传出加快发展养老第三支柱的"政策暖风"。2020 年 10 月，中国银保监会负责人在"2020 年金融街论坛"上就提到，要发挥金融优势，大力发展第三支柱养老保障。总的方针是"两条腿"走路，一方面要正本清源，统一养老金融产品标准，清理名不副实产品；另一方面要开展业务创新试点，大力发展真正具备养老功能的专业养老产品，包括养老储蓄存款、养老理财和基金、专属养老保险、商业养老金。中国银保监会、中国证监会也明确指出，在"十四五"开局之年的 2021 年，将规范发展第三支柱养老保险，促进居民储蓄向投资转化，推动加强多层次、多支柱养老保险体系与资本市场的衔接。财政部社会保障司相关负责人也透露，已经配合人力资源社会保障部研究制定支持第三支柱养老保险发展的政策和措施，综合利用税收优惠等手段，通过发挥市场机制作用，进一步布局多层次、多支柱养老保险体系，提高广大参保人员的养老待遇水平。

第三支柱的启动，丰富和完善了我国多支柱养老保障体系和制度建设，进一步提升了我国居民养老金替代率。我国居民可以通过个人养老金专用账户税前在每人每月 1000 元的税优额度内购买养老理财、养老储蓄、养老基金和养老保险等产品，享受个税递延优惠政策。养老理财、养老基金和养老保险这三类产品可以在资本市场配置权益类产品，如股票和偏股型基金等。通过产品配置，养老保障体系的第三支柱就与资本市场衔接上了。第三支柱在上海、福建和苏州工业园区试点后，预计 2022 年有可能扩大到全国。根据人力资源社会保障部公布的数据，2020 年城镇就业人口有 4.4 亿人。财政部负责人表示，个税起征点提高到每月 5000 元后，个人所得税的纳税人占城镇就业人员的比例为 15%。按此计算，交个人所得税的纳税人为 6500 多万人。每月最高 1000 元的税收优惠产品主要面向这个纳税人群，若此人群中有 50% 的人购买，每人每月仅支出 500 元，就会新增与资本市场相关联的资金近 2000 亿元。养老理财、养老基金和养老保险这三类产品除税优账户可购买外，同时面向全社会。主要的购买群体是城镇就业人口，若这个群体中有 50% 的人购买，每人每月购买 100 元养老产品，每年就会新增与资本市场相关联的资金 2600 多亿元，另外还有其他的购买群体尚未计算进来。因此，第三支柱能给资本市场提供的新增资金潜力巨大。

养老是全社会关注的大事，也关系到每一个人的切身利益。中国社会养老保障体系的三个支柱建设正方兴未艾，在三个支柱的建设中，中国资本市场将源源不断地迎来养老金稳定长期的源头活水。根据《中国养老金行业的格局》

2019 年度报告的预测，2030 年中国养老金规模有望达到 113 万亿元，其中企业和个人相关的商业补充型养老金管理规模约有 60 万亿元，若按 20%～40% 的区间比例计算，未来 10 年资本市场每年将新增 1.2 万亿至 2.4 万亿元长期稳定的资金。

（4）企业年金和职业年金投资权益类资产的比例由 30% 提高到了 40%，将为资本市场带来 3000 亿元增量资金

为了使养老金较好地实现保值增值，同时给中国资本市场带来长线资金，人力资源社会保障部发布了《关于调整年金基金投资范围的通知》（人社部发〔2020〕95 号），将年金基金投资权益类资产比例的政策上限提高 10 个百分点，合计不得高于投资组合委托投资资产净值的 40%，与全国社保基金权益类投资比例持平。即企业年金和职业年金投资资本市场的上限比例由 30% 提高到了 40%。2021 年初以来已有招商基金、博时基金等旗下 60 只养老金产品按该通知精神进行了调整。同时还扩大了养老基金投资范围，除可进行境内投资外，还可在香港市场投资。并对养老金投资范围扩大进行了明确规定。境内投资范围包括银行存款、标准化债权类资产、债券回购、信托产品、债权投资计划、公开募集证券投资基金、股票、股指期货、国债期货、养老金产品。香港市场投资指年金基金通过股票型养老金产品或公开募集证券投资基金，投资内地与香港股票市场交易互联互通机制下允许买卖的香港联合交易所上市股票（以下简称港股通标的股票）。年金基金财产以投资组合为单位，按照公允价值计算应当符合下列规定：投资股票、股票基金、混合基金、股票型养老金产品（含股票专项型养老金产品）等权益类资产的比例，合计不得高于投资组合委托投资资产净值的 40%。其中，投资港股通标的产品的比例，不得高于投资组合委托投资资产净值的 20%；投资单只股票专项型养老金产品的比例，不得高于投资组合委托投资资产净值的 10%。年金基金不得直接投资于权证，但因投资股票、分离交易可转换债等投资品种而衍生获得的权证，应当在权证上市交易之日起 10 个交易日内卖出。

本次年金基金投资政策调整主要有五个亮点。

一是该通知明确了年金基金的定义，首次在文件中整合企业年金和职业年金基金投资规定和要求，并统一强调年金基金投资管理的原则。

二是允许年金基金投资港股通标的股票。此前年金基金仅限于境内投资，本次允许年金基金投资港股通标的股票。此举不仅考虑到目前在全球严峻经济形势下，香港金融市场仍颇具活力，具有相当投资价值，而且是贯彻落实中央关于坚定支持和维护香港金融繁荣稳定精神的具体体现，也是年金基金实现全球范围资产配置的初步尝试。

三是提高权益类资产投资比例上限。为深入贯彻落实党中央、国务院鼓励中长期资金支持资本市场发展的战略部署，将年金基金投资权益类资产比例的政策上限提高 10 个百分点，与全国社保基金权益类投资比例持平，使年金既能够长期分享改革发展成果，又进一步增强服务实体经济的能力。按现有年金市场规模测算，本次权益比例上限的提高，理论上将为资本市场带来 3000 亿元的增量资金，养老保险体系和资本市场的良性互动进一步加强。

四是明确年金基金财产投资比例在计划层面和组合层面实行"双限"。此次明确单个计划资产投资于各类型资产的比例须参照投资组合的比例限制进行管理，并首次在文件中明确受托直投组合的定义，有利于进一步加强规范指导，防控计划层面投资风险。

五是首次在文件中明确嵌套穿透管理要求。以往穿透监管的要求不够明确，可能出现年金基金所投资金融产品的底层资产超出年金基金可投资范围的情形，发生合规风险。该通知要求年金基金投资应当按照穿透式管理要求，明确约定投资的底层资产符合年金基金投资范围。

这一政策的颁布，进一步促进了养老保险与资本市场的衔接，一方面，对中国资本市场是一个长期利好，可以为资本市场带来大量新增资金，提高资本市场机构投资者所占比重，养老金的长期持续投入日后必成整个股票市场的"压舱石"。以养老金为代表的中长期资金运行稳健，多以价值投资为主，偏好盈利增长稳定、估值合理的绩优股。这样的投资理念能优化市场资源配置，使优质公司能够脱颖而出，促使资本市场长期稳健发展。另一方面，有利于养老金的多空间、大范围资产配置，能较好地实现养老金保值增值。

5. 对外开放深化，国际资本潮涌，未来每年外资流入估计逾 3000 亿元

中国资本市场双向开放的广度和深度有一个持续深化的过程，国际资本的流入也是循序渐进的。2001 年 12 月，中国迎来了改革开放的重大里程碑——加入世界贸易组织（WTO）。同时，为履行金融对外开放承诺，2002 年 11 月 7 日，中国证监会、中国人民银行联合颁布《合格境外机构投资者境内证券投资管理暂行办法》，从当年 12 月 1 日起施行，揭开了境外机构投资 A 股的序幕。2003 年 5 月 26 日，瑞士银行与日本野村证券株式会社获得中国证监会批准，成为首批 QFII 投资机构。随后摩根士丹利、花旗环球金融有限公司、高盛等 12 家外资机构陆续获得 QFII 资格。2005 年，中国将 QFII 投资额度提升至 100 亿美元。之后不断扩大开放力度。2011 年实施人民币合格境外机构投资者（RQFII）制度。2014 年 11 月 17 日上海证券交易所与香港联合交易所互联互通，即沪港通正式启动，同时香港取消了每人每日 2 万元的兑换限额，促进内地与香港、内资与外资的双向流动与市场的发展。紧接着深港通又于 2016 年 12 月 5 日正式启动运营，实现了内地两大股票市场与香港股票市场的互联互通。党的十九大提出，推动形成全面开放新格局，以更大的开放促进金融深化改革，是新时代建设中国特色社会主义的迫切需要。在十九大精神的指引下，2018 年 6 月，QFII 和 RQFII 的资金汇出放松，境外机构纷纷进入境内投资。2019 年 6 月 17 日，上海证券交易所与英国伦敦股票交易市场正式互联互通，即沪伦通正式启动运营。沪伦通解决了中国与英国证券投资项下人民币输出与回流问题，进一步促进了中国证券市场国际化。2019 年 6 月 25 日，中日交易型开放式指数基金（ETF）实现互通，首批 4 只中方产品和 4 只日方产品分别在上海证券交易所和东京证券交易所上市交易，这是中国资本市场对外开放的又一大举措。截至 2019 年 8 月末，QFII 投资总额度为 3000 亿美元，共计 292 家合格境外机构投资者获批投资额度 1113.76 亿美元；RQFII 制度从我国香港扩大到 20 个国家和地区，投资总额为 19900 亿元，共计 222 家 RQFII 机构获批 6933.02 亿元投资额度。2020 年 5 月，国家外汇管理局宣布全面取消 QFII 和 RQFII 额度限制，再次表明中国扩大开放的决心，有利于吸引更多长期资本，促进中国资本市场向国际化发展，更好服务实体经济。

近年来，"长钱"更是结伴涌入 A 股市场，外资持续保持净流入态势。根据中国人民银行公布的数据，截至 2020 年 11 月底，境外机构和个人持有境内股票近 3 万亿元，占 A 股流通市值的 4.63%，分别比 2018 年底增加 1.84 万亿元和 1.48 个百分点。证监会网站显示，2021 年 1 月的一周内就有 12 家机构提交境外机构投资者资格申请，自 2020 年 11 月 1 日合格境外机构投资者（QFII）、人民币合格境外机构投资者（RQFII）新规实施以来，境外机构提交相关资格申请步伐加快，入市"长钱"类型不断丰富、阵营持续扩大。2021 年 1 月至 2 月 20 日 50 天内北向资金净流入逾 886 亿元，预计 2021 年外资流入 A 股的规模将达 3000 亿元左右，未来 10 年外资流入 A 股的规模将呈逐年上升态势。2021 年 10 月末，外资持有 A 股流通市值 3.67 万亿元，占比约为 4.97%，相比上年末增加了 0.34 个百分点。

6. 住房公积金未来将参与市场化投资运行，给资本市场再添源头活水

《关于新时代加快完善社会主义市场经济体制的意见》明确提出，加快建立多主体供给、多渠道保障、租购并举的住房制度，改革住房公积金制度。住房公积金制度改革即将启动。根据住房和城乡建设部、财政部、中国人民银行发布的《全国住房公积金 2020 年年度报告》，截至 2020 年末，全国住房公积金累计缴存总额为 195834.91 亿元，缴存余额为 73041.40 亿元，结余资金 10711.02 亿元，分别比上年末增长 15.46%、11.73% 和 13.21%。自 2016 年以来累计缴存总额、缴存余额和结余资金每年均保持两位数增长。若缴存余额每年增加 7000 亿元左右，按近三年平均增长速度测算，未来 10 年，住房公积金缴存余额预计将超过 140000 亿元，结余资金预计将超过 25000 亿元。关于住房公积金改革各方意见较多，但比较统一的是住房公积金投资收益率太低。如此庞大规模的公积金不进行市场化运作使其较好的保持增值，是对社会资源的浪费。因此，可以预见，未来住房公积金必定会参与市场化投资运行，给资本市场再添源头活水。

（二）超 93 万亿元国内住户存款是资本市场潜在的资金池

从储蓄存款存量来看，根据中国人民银行公布的数据，2020 年中国居民储蓄存款达 93.44 万亿元，人均存款为 6.67 万元。这其中最有投资需求潜力和能力的是 4.4 亿城镇就业人口，按平均比例加权重因素测算，这个群体有近 30 万亿元的储蓄存款，这是资本市场最大的最有可能投资的潜在资金流。2000 年中国的储蓄率为 62.30%，2020 年储蓄率下降到 44%，而投资率则从 35% 上升到 43%，从这个比例变化可以看出储蓄投资化的倾向。

从增量来看，2010 年中国居民储蓄存款为 30.33 万亿元，人均存款为 2.33 万元。到 2020 年，中国居民储蓄存款已增长了 2 倍多，平均每年新增 6.3 万亿元，按此增长速度，2030 年中国居民储蓄存款预计将达 156.44 万亿元。换一个角度分析，一个国家 GDP 增长了，意味着其经济增长了，必然带来居民储蓄存款的增长。2010 年中国 GDP 为 40.15 万亿元，居民储蓄存款与 GDP 的比为 75.54%，2020 年这个比值为 91.97%，10 年来居民储蓄存款增长了 208.08%，GDP 增长了 150.05%，未来十年内居民储蓄存款预计会超过 GDP。预计 2030 年中国 GDP 将达 170.07 万亿元，保守地按 2020 年的比重测算，2030 年中国居民储蓄存款将达 154.41 万亿元。以上从两个角度分析，2030 年我国居民储蓄存款都将逾 150 万亿元。城镇就业人口有可能投资的潜在资金流预测将新增 20 万亿元，达到 50 万亿元以上。这是中国资本市场长期向好的基石。

再从居民消费、储蓄、投资倾向看，居民收入首先要用于基本消费，而基本消费是相对稳定的。随着收入的增加，在消费一定的情况下，用于储蓄和投资的比例自然会上升。根据国家统计局公布的数据，2020 年全国居民人均可支配收入为 32189 元，同比增长 4.7%。按常住地分，城镇居民人均可支配收入为 43834 元，同比增长 3.5%；农村居民人均可支配收入为 17131 元，同比增长

6.9%。全国居民人均可支配收入中位数为 27540 元，同比增长 3.8%。随着居民可支配收入的稳定增长，居民储蓄和投资的倾向会增加，尤其城镇居民意愿更强。若按全国居民五等分收入分组，低收入组人均可支配收入为 7869 元，中间偏下收入组人均可支配收入为 16443 元，中间收入组人均可支配收入为 26249元，中间偏上收入组人均可支配收入为 41172 元，高收入组人均可支配收入为80294 元。中间收入组、中间偏上收入组和高收入组储蓄和投资比例上升最快。

从储蓄率与投资率变化情况看，中国居民储蓄投资化倾向是缓缓而行的，截至 2020 年末，中国股票市场个人持股流动市值仅 16.76 万亿元，其中的重要原因之一是对养老保障的担忧。要想使高储蓄投资化就必须解决养老无忧问题。自 2018 年起，我国退休人员养老金连续三年保持 5% 左右的上涨幅度。据悉，2021 年，城镇企业和机关事业单位职工退休人员养老金将迎来 17 连涨。中央高度重视社会养老保障事业发展，据新华社报道，中央政治局于 2021 年 2 月 26日就完善覆盖全民的社会保障体系进行第二十八次集体学习研究，习近平总书记强调，社会保障是保障和改善民生、维护社会公平、增进人民福祉的基本制度保障，要加大再分配力度，强化互助共济功能，把更多人纳入社会保障体系，为广大人民群众提供更可靠、更充分的保障，不断满足人民群众多层次多样化需求，健全覆盖全民、统筹城乡、公平统一、可持续的多层次社会保障体系，进一步织密社会保障安全网，促进我国社会保障事业高质量发展、可持续发展。随着中国养老保障体系的不断健全完善，达到"幼有所育、学有所教、劳有所得、病有所医、老有所养、住有所居、弱有所扶"，居民投资意愿就会充分释放出来。

另外，"房子是用来住的，不是用来炒的"在未来也会引导和分流大量资金流向资本市场。银行理财打破刚性兑付，取消保本理财，转而全面推行净值型理财产品，也会引导居民强化风险意识和提高投资意识，并将部分过去用于银行的理财资金转投资本市场。

截至目前，A 股个人投资者已超过 1.9 亿人，未来 10 年他们源源不断的投入是资本市场十分重要的源头活水。

（三）脱贫攻坚战的全面胜利给资本市场带来两大利好

1. 脱贫攻坚战的全面胜利，有利于提升职业年金实账比重，增加资本市场资金来源

脱贫攻坚战的全面胜利，使涉及 22 个省（自治区、直辖市）的 832 个贫困县全部脱贫摘帽，从 2021 年起各省可以减轻财务压力，抽出资金做实职业年金基金，增加资本市场的资金活水。《机关事业单位职业年金办法》（国办发〔2015〕18 号）第四条规定，"职业年金所需费用由单位和工作人员个人共同承担。单位缴纳职业年金费用的比例为本单位工资总额的 8%，个人缴费比例为本人缴费工资的 4%，由单位代扣"；第六条规定，"职业年金基金采用个人账户方式管理。个人缴费实行实账积累。对财政全额供款的单位，单位缴费根据单位提供的信息采取记账方式，每年按照国家统一公布的记账利率计算利息，工作人员退休前，本人职业年金账户的累计储存额由同级财政拨付资金记实；对非财政全额供款的单位，单位缴费实行实账积累。实账积累形成的职业年金基金，实行市场化投资运营，按实际收益计息"。实账积累形成的职业年金基金可以进行投资运作，而记账方式下的职业年金基金并未到位，不能进行投资运作。目前，少数省份职业年金基金单位缴费 8% 这部分实行实账积累，多数省份职业年金基金单位缴费 8% 这部分实行的是记账方式，当有人退休、工作调动、出国（境）定居或有其他需求按规定必须进行待遇支付时再由同级财政拨付资金记实。在此之前，职业年金基金并未到位，不能进行投资运作。脱贫攻坚战的全面胜利，可以使 22 个省（自治区、直辖市）从 2021 年起减轻财务压力，抽出资金把记账方式下 8% 这部分职业年金做实，增加资本市场的资金源头。

2. 脱贫攻坚战全面胜利，完成了整体消除绝对贫困的艰巨任务，中国全面进入小康社会，国家财富和个人财富都会得到较快积累

2021 年，中国如期打赢了脱贫攻坚战，使 9899 万农村贫困人口彻底摆脱贫困，在中华民族几千年历史上首次整体消除绝对贫困现象，创造了又一个彪炳史册的人间奇迹。千百年来困扰中华民族的绝对贫困问题历史性地画上句号，书写了人类发展史上的伟大奇迹，提前 10 年实现了《联合国 2030 年可持续发展议程》减贫目标。这意味着未来 10 年中国的小康社会将会站在消除绝对贫困的新起点上，向着小康社会的高度、深度和质量全面拓展，国家财富和个人财富都会得到较快积累。

脱贫攻坚对整个社会扶贫济困氛围的形成、社会主义核心价值观的培育、营造更和谐的发展氛围，都是重要抓手和载体。东西部扶贫协作，东部地区在支持西部地区减贫发展的同时，拓展了自身发展空间，彰显了社会主义实现共同富裕的价值取向。中央国家机关单位定点扶贫，还为定点帮扶县带来资金项目、新理念新思路、新技术和新市场。前所未有的大规模、高强度集中投入，促进了贫困地区农村基础条件的明显改善和公共服务水平的明显提升。贫困地区特色优势产业迅速发展，旅游扶贫、光伏扶贫、电商扶贫等新业态从无到有、从小到大，快速发展。生态扶贫、易地搬迁扶贫、退耕还林等明显改善了贫困地区生态环境，奠定了实现生态保护和扶贫脱贫有机结合的基础。围绕落实《中共中央 国务院关于打赢脱贫攻坚战的决定》，中央各部门和各地区相继出台和完善"1+N"的脱贫攻坚政策举措。扶贫资金由过去的中央财政投入为主，转变为中央、省、市县投入"三三制"局面，金融资金、社会资金成为新的投入渠道。出台扶贫小额信贷和扶贫再贷款政策，加强保险扶贫、资本市场扶贫和土地政策支持等。这一系列政策组合拳，在脱贫解困，解决中国经济的底板问题的同时，为未来10年经济发展打下了坚实的基础，经济发展将会在质量、效率方面有一个大的提升，这种良好态势必然会体现在资本市场发展上。

（四）监管深化改革与政策呵护为中国资本市场的健康发展保驾护航

长久以来，监管一直是资本市场规则的制定者、秩序的维护者、主体的呵护者。2020年以来，规范和促使资本市场健康发展的政策与改革方略密集出台，使人们强烈地感受到资本市场健康阔步前进的气息。以"十四五"规划、《建设高标准市场体系行动方案》和中国证监会披露的信息能清楚地感觉到中国资本市场将加快改革步伐，破解体制机制障碍，全面深化改革开放政策落实落地。科学合理保持IPO、再融资常态化，提高直接融资包容度和覆盖面，促进市场健康平衡和可持续发展。

1. 推进融资端改革，全面实行股票发行注册制，拓宽直接融资入口

我国的股票发行制度经历了审批制、核准制两个阶段，目前正在由"注册制＋试点板块"向"注册制＋全市场"发展。注册制是指发行人在准备发行证券时，必须将依法公开的各种资料完整、真实、准确地向证券主管机关呈报并申请注册。证券主管机关只做形式审查，至于发行人营业性质，发行人财力、素质及发展前景，发行数量与价格等实质条件均不作为发行审核要件，不作出价值判断。申报文件提交后，经过法定期间，主管机关若无异议，申请即自动生效。注册制是在市场化程度较高的成熟股票市场普遍采用的一种发行制度，证券监管部门公布股票发行的必要条件，只要达到要求的企业均可发行股票。发行人申请发行股票时，必须依法将公开的各种资料完全准确地向证券监管机构申报。注册制的稳步推进解决了资本市场的入口问题，必将助推中国资本市场高质量发展。

2018年11月5日，国家主席习近平在首届中国国际进口博览会开幕式上宣布设立科创板并试点注册制。三年来，科创板落地行稳，创业板改革将注册制从增量市场推广至存量市场。创业板改革并推行注册制是中国资本市场规范解决市场进入机制的里程碑。2020 年 8 月 24 日，创业板试点注册制首批 18 家企业顺利上市，创业板股票涨跌幅调整为 20%。截至 2020 年 12 月 22 日，仅 4 个月，增量上，创业板已经受理了 483 家企业 IPO；存量上，创业板已经受理了 260 家企业再融资，15 家企业重大资产重组申请。注册制的实施使 A 股市场 IPO 融资规模大幅增长。2020 年共有 396 只新股登陆 A 股市场，IPO 数量和融资额同比分别增长 97% 和 88%。这既丰富了市场上优质的投资品种，又大大解决了实体经济的融资问题。从股票发行制度改革进程看，将会坚守科创板定位，突出"硬科技"特色，评估完善注册制试点安排，深化以信息披露为核心的股票发行注册制改革。证监会相关负责人表示，经过科创板、创业板两个板块的试点，全市场推行注册制的条件逐步具备。未来会遵循注册制的基本内涵，借鉴国际最佳实践，总结科创板、创业板试点注册制的经验，选择适当时机全面推进注册制改革。全面推动发行、上市、交易监管基础制度改革。贯彻"不干预"的理念，完善市场内生稳定机制。使市场定价机制更加有效，把选择权交给市场，支持更多优质企业在资本市场融资发展，保持复杂环境下资本市场稳健发展势头。《建设高标准市场体系行动方案》在促进资本市场健康发展方面明确提出，稳步推进股票发行注册制改革。

2. 推进投资端改革，优化中长期资金入市环境，推动中长期资金入市，充沛直接融资源头活水

加快构建长期资金"愿意来、留得住"的市场环境，壮大专业资产管理机构力量，大力发展权益类基金产品，加大权益类基金产品供给与服务创新力度，推动个人养老金投资公募基金政策尽快落地，持续推动各类中长期资金积极配置资本市场。加大政策倾斜和引导力度，稳步增加长期业绩导向的机构投资者，回归价值投资的重要理念。有序扩大资本市场开放，持续引进外资投资机构进入中国资本市场，鼓励优秀外资证券基金机构来华展业，促进行业良性竞争。允许在境内设立外资控股的证券公司及外商独资或合资的资产管理公司，支持社会资本依法进入证券、资产管理等金融服务业。《建设高标准市场体系行动方案》还明确要求培育资本市场机构投资者，稳步推进银行理财子公司和保险资产管理公司设立，鼓励银行及银行理财子公司依法依规与符合条件的证券基金经营机构和创业投资基金、政府出资产业投资基金合作。完善保险机构投资私募理财产品、私募股权基金、创业投资基金、政府出资产业投资基金和债转股的相关政策，提高各类养老金、保险资金等长期资金的权益投资比例，开展长周期考核。

3. 退市规则压轴登场，推动上市公司提高质量，夯实直接融资发展基石

2020 年 12 月 31 日，沪深交易所新修订的退市规则压轴登场，进一步健全退市制度，畅通多元化退出渠道，建立常态化退市机制，强化优胜劣汰。这是迎接全面注册制时代的资本市场在关键制度上的关键改革，使得上市公司不得不重视质量发展，包括产品质量和服务品牌创建。未来必将进一步完善退市标准、退市程序，畅通多元化退出渠道，稳步在全市场建立常态化退市机制，严格实施退市制度，对触及退市标准的坚决予以退市，对各类违法违规行为、恶意规避退市标准的行为"零容忍"，利用法律手段予以严厉打击。2020 年 12 月 26 日，第十三届全国人大常委会第二十四次会议通过了《刑法修正案（十一）》，于 2021 年 3 月 1 日施行。与《证券法》修订相衔接，其修改内容大幅提高了欺诈发行、信息披露造假、中介机构提供虚假证明文件和操纵市场四类证券期货犯罪的刑事惩戒力度，落实"零容忍"的执法理念和打击行动。强化对控股股东、实际控制人等"关键少数"的刑事责任追究，压实保荐人等中介机构的"看门人"职责。对于欺诈发行，修正案将刑期上限 5 年有期徒刑提高到 15 年有期徒刑，并对个人的罚金由非法募集资金的 1% ~ 5% 修改为"并处罚金"，取消 5% 的上限限制，对单位的罚金由非法募集资金的 1% ~ 5% 提高至 20% 至 1 倍。对于信息披露造假，修正案将相关责任人员的刑期上限由 3 年提高至 10 年，罚金数额由 2 万 ~ 20 万元修改为"并处罚金"，取消 20 万元的上限限制。《建设高标准市场体系行动方案》提出完善投资者保护制度，建立与市场板块、产品风险特点相匹配的投资者适当性制度，鼓励和规范上市公司现金分红。加强资本市场监管，增强监管的全面性、一致性、科学性和有效性，提高监管透明度和法治化水平。推进科技和监管的深度融合，夯实数据治理基础，强化科技对监管的有效支撑，提升监管科技发展水平，实现"数据让监管更加智慧"的愿景。确保资本市场改革行稳致远。

同时，持续优化再融资、并购重组、股权激励等机制安排，支持上市公司转型升级、做优做强。推动上市公司完善公司治理，更好发挥创新领跑者和产业排头兵的示范作用，引领更多企业利用直接融资实现高质量发展。健全完善资本市场的进入与退出机制，促使资本市场朝着健康规范的道路前进，这对融资端和投资端都是福音。

与《证券法》修订相衔接的《刑法修正案（十一）》于 2021 年 3 月 1 日施行后，第一个撞枪口的是康得新。2021 年 3 月 13 日，中国证监会公开表态，"坚决依法依规推进康得新退市"。康得新的问题，一是 2015 年至 2018 年年度

报告存在虚假记载，合计虚增利润115.3亿元；二是2016年至2018年未及时披露及未在年报中披露康得新子公司为控股股东提供关联担保；三是未在年报中如实披露2015年和2016年非公开发行募集资金的使用情况。康得新扣除处罚认定的造假金额后，相关财务指标触及终止上市标准。中国证监会在对康得新进行立案调查后把发现的线索同步移送公安部门，公安部门在对康得新财务造假进行了侦查终结后以违规披露、不披露重要信息罪等移送检察院审查起诉。退市新规并非惩罚性规则，而是市场生态保护性规则，是优化资源配置的切实举措，可形成"上得来，退得出"优胜劣汰的良性市场生态。《中国证券报》披露，2020年沪深交易所依法合规执行退市新规，89家公司已经或即将按新规被实施退市风险警示，其中沪市39家，深市50家。89家公司中有83家触及财务退市指标，另外6家实施破产重组。从类别来看，一类是没有主业的空壳公司，另一类是长期亏损的"僵尸企业"。2021年以来已有21家公司退市或进入退市程序。其中，7家触及财务类退市指标，7家触及面值退市指标，1家主动退市，2家同时触及重大违法强制退市和其他退市指标，4家重组退市。

4. 加快发展私募股权基金，突出创新资本战略作用

进一步加大对私募股权基金发行的支持力度，积极拓宽资金来源，畅通私募股权基金募、投、管、退等各环节。出台私募投资基金管理暂行条例，引导其不断提升专业化运作水平和合规经营意识。

5. 健全中国特色多层次资本市场体系，增强直接融资包容性

科学把握各层次资本市场定位，完善差异化的制度安排，畅通转板机制，形成功能互补、有机联系的市场体系。推进主板、中小板、新三板改革，进一步提升服务实体经济的能力。健全风险管理，拓展市场深度、增强发展韧性。

此外，中国证监会2021年5月15日在北京举办"5·15全国投资者保护宣传日"活动，主题为"心系投资者 携手共行动——守初心担使命，为投资者办实事"，正式宣布"研究建立投资者保护专项赔偿基金"，并以"四个一"进一步强化"大投保"理念。一是进一步推进"一系列"的资本市场改革举措。大力推动提高上市公司质量，继续引导上市公司通过现金分红、股份回购等方式切实回报投资者。坚持"零容忍"打击各类证券违法违规乱象，持续优化市场生态，增强投资者信任和信心。二是进一步完善"一揽子"的配套制度体系。三是进一步健全"一竿子"到底的维权机制。四是进一步丰富"一篮子"的便利服务。

三、世界资本市场

关于世界资本市场，这里重点分析美国资本市场和中国香港资本市场。港元与美元采用的是联系汇率制，以百分之百的外汇资产向外汇基金交纳保证，以 7.75 ~ 7.85 港元兑换 1 美元的汇率与美元挂钩。通过联系汇率制，且自由兑换，这两个市场便产生了千丝万缕的联系，时常相互影响。而香港资本市场通过沪港通、深港通又与沪深市场保持着紧密联系。这里重点分析美国资本市场和中国香港资本市场也是为有条件的投资者提供参考。

（一）美国资本市场

1. 美国资本市场的诞生

1776 年 7 月 4 日，殖民地代表聚集在费城召开第二次大陆会议，通过了《独立宣言》，宣告美利坚合众国的成立。之后美国开始着力于恢复社会秩序，发展经济金融，募集资本。资本市场是经济发展的产物，反过来又通过融资功能促进经济的发展。1792 年，24 名纽约经纪人在纽约华尔街的一棵梧桐树下订立协定，约定以后每天都在此处进行股票等证券交易。根据美国商务部经济分析局的数据，这一年美国国内生产总值（GDP）仅 2.23 亿美元，人均 GDP 53 为美元。此后由于社会稳定，秩序持续向好，美国经济得到了快速发展。到 1817 年，美国 GDP 达 7.61 亿美元，增长了 2 倍多，股票交易市场日渐活跃，于是参加者组成了纽约证券交易管理处。1863 年，更名为纽约证券交易所，正式开启了规范的美国资本市场，这一年美国 GDP 为 76.25 亿美元，较此前增长了 10 倍。1882 年，道（Dow）与好友琼斯（Jones）在紧靠纽约证券交易所的华尔街 15 号创办了道琼斯公司。1884 年，道最早开始尝试计算股票价格变动指数，当时采用的样本均为铁路公司，这就是后来的道琼斯运输业平均指数。1896 年 5 月 26 日，道第一次计算并对外公布道琼斯工业平均指数，当日指数为 40.94 点。1929 年，道琼斯公用事业平均指数诞生；1992 年，道琼斯综合平均指数诞生。近年来，道琼斯公司又跨越全球创设了相对独立的 3000 多个股价指数，统称为道琼斯全球指数。然而，在上述所有道琼斯股价指数中，唯有道琼斯工业平均数指数是最重要的，它不仅是当今美国最重要的股价指数，而且也是世界上最有影响力的股价指数之一。它是美国经济的"晴雨表"，人们一般将道琼斯工业平均数简称为道琼斯指数（以下简称道指），将 1896 年 5 月 26 日这一天确定为道琼斯指数的"生日"。这一年美国 GDP 为 154.93 亿美元，较此前又增长了 1 倍。

2. 美国资本市场的发展

（1）33 年的快速增长与积累

1896 年 5 月 26 日，道指从 40.94 点艰难起步。经过 33 年的快速发展，到 1929 年，美国 GDP 首次突破 1000 亿美元大关，达到 1045.60 亿美元，增长了 5.75 倍。伴随着经济的增长，道指也得到了同步上升，1929 年 9 月 3 日，道指收至历史高位 381 点，上涨了 8.3 倍。这期间，美国经历了海外军事扩张、第一次世界大战、柯立芝繁荣三个阶段，经济得到了扩张，股市也一路顺风顺水。

（2）世界经济危机给资本市场带来大灾难

正当美国股民沉浸在繁荣与幸福之中不能自拔时，一场席卷全球的历史罕见的世界经济危机正在悄悄来临。美国 GDP 从 1929 年的 1045.60 亿美元连续 4 年下跌至 1933 年的 571.65 亿美元，下跌了 45.33%。其间，1932 年跌幅达 23.1%，创美国历史上 GDP 单年最大跌幅。

美国股民也因此蒙受了空前的"大股灾"。1929 年 10 月 28 日，美国东部时间星期一，上午开市不久，道指狂跌不止，当日收于 260 点，日跌幅达 12.82%。这便是美国历史上令人恐怖的"黑色星期一"。这一天拉开了 20 世纪 30 年代世界经济大萧条的序幕。次日，道指再跌 11.73%，收于 230 点。随后，道指伴随 1929—1933 年的大萧条一路下跌不止，一直跌到 1932 年 6 月 30 日的 43 点收盘。从 1929 年 9 月 3 日的历史高点 381 点下跌了两年半，跌幅高达 88.7%。又回到了起点。

（3）实施金融立法，强化金融监管，促进资本市场稳健发展

20 世纪 30 年代大萧条后，美国人痛定思痛，从"自由放任"的盲目自信中醒来，重新审视经济金融领域必要的法制法规与宏观调控。大萧条永世难忘的"痛"让美国人走上了强监管之路，对金融业实行最严厉的管制，包括加强金融立法、分业管理、利率管制、存款保险等举措。这些"猛药"在当时的确收到了良好的效果，对高风险的金融业，尤其是对证券市场严加管制，确实抑制了金融投机和金融泡沫，对整肃金融秩序、有效控制金融风险发挥了积极作用。

从 1934 年开始，美国 GDP 见底回升，经过 7 年的复苏，到 1940 年美国 GDP 重回 1000 亿美元之上，达 1029.46 亿美元。

同时，1933 年，富兰克林·罗斯福上任后实施了一系列经济政策，其核心是救济（Relief）、复兴（Recovery）和改革（Reform），即罗斯福新政，又叫"三 R"新政。新政施行后，美国经济得以复苏，凭借第二次世界大战给美国军工、科技、生活日用品等产业带来的发展机会，美国成为世界霸主，其经济实

力与军事实力同步增强。从 20 世纪 50 年代初开始，美国经济完全走出了大萧条的阴影，进而步入了 60 年代世界资本主义国家发展的"黄金时期"。随着美国经济的一路走好，作为经济"晴雨表"的道指也一并向上。

1956 年 5 月 12 日，道指首破 500 点大关。从 40.94 点到 500 点，道指整整走了 60 年。这 60 年应该算是道指苦难的 60 年，其经历坎坷曲折，从生到死，再到重生。这一曲折的过程也教会了美国人如何看待投机、如何对自己的投机行为负责。当然，最主要的是，它将美国股市引入了严厉的"法治"之道。

20 世纪 60 年代的"黄金十年"将美国经济带上了一个新的高潮。这一高潮终结的标志是 1972 年 11 月 14 日道指首破 1000 点，这一年美国 GDP 达 12824.49 亿美元。这是道指的第一个"千点"，若从大萧条的 43 点算起，它整整花了 40 年来跨越首个"千点"关口；若从道指诞生时算起，则花了 76 年来攻克"千点"大关。由此可见，这一基石的确是够扎实的。

然而，经济的周期性波动是市场经济的必然规律。第二次世界大战结束后，美国经济经过了长达 20 多年的快速增长，经济泡沫及通货膨胀已积聚到相当程度，到了该停下来喘息的时候了，于是，从 20 世纪 70 年代初开始，美国经济又步入了前所未有的"滞胀"时期。高通货膨胀伴随高失业，经济滞止不前，20 世纪 70 年代中期，美国的利率水平高达 15% 以上。为此，刚上千点不久的道指又面临着巨大的考验。1974 年末、1975 年初，道指一度暴跌至 550 点上方，几乎吃掉了 1956 年以来的战果。好在自大萧条以来，美国股市一直处在严加管制的状态，泡沫与风险才能较快地化解。

1976 年末，美国 GDP 达 18775.87 亿美元，道指重返千点之上。但由于美国经济还存在不稳定性，因此，道指很快又回到了千点的下方，1977—1982 年，道指一直 800 点以上 1000 点以下做窄幅整理。1972—1982 年，道指除了在 1974 年与 1975 年之交有过短暂的下落外，其他时间均保持在 800 点以上运行，这再次证明了美国股市在严厉的"法治"下的有效性。

（4）持续增长的"新经济"将道指、纳指送入上升通道

自 20 世纪 80 年代开始，美国经济逐渐走出"滞胀"的阴影，呈稳步上行之势，经济景气指数开始上升。1980 年美国 GDP 为 28625.05 亿美元，1990 年 GDP 达 59796.89 亿美元，增加了 31171.84 亿美元，增长了 108.90%。自 20 世纪 90 年代初开始，随着"网络时代＋知识经济"的驱动，美国经济进行了罕见的"长周期"持续增长。

20 世纪 90 年代末出现了互联网泡沫，该泡沫的破灭使美国及全球经济在

2001—2003 年出现了中度衰退。为了刺激经济，2000 年，美联储宣布将联邦基金利率下调 50 个基点，利率由 6.5% 下调至 6%，此后美联储连续 13 次降息，2003 年 6 月最终将利率下降至 1% 的低点。在美联储的引导下，美国金融环境十分宽松，高风险金融工具得到广泛运用。在过低利率的环境下，美国房地产市场蓬勃发展。房地产市场繁荣催生了次级抵押贷款业务，即原本不能申请贷款的人也可申请贷款，而且贷款发放标准随着次贷市场的扩张而不断降低，风险急剧累积。此时，美国联邦和各州都没有明确针对次级抵押贷款的法律约束。信用评级机构为了增加收入也误导市场。同时，随着经济的全面复苏，通货膨胀压力凸显。2004 年 6 月以后美联储利率政策逆转，直到 2006 年 8 月，经过连续 17 次调高利率，利率又从 1% 调高到 5.25%，致使新购房者成本增加，已购房者还贷压力加重。次贷借款人大量违约，从而使放贷机构出现大量呆坏账而纷纷倒闭破产，2007 年 7—8 月次贷危机集中全面爆发，直至百年老店雷曼兄弟轰然倒塌，危机迅速波及全世界。2008 年美国 GDP 在"长周期"增长后出现下滑，实际 GDP 下滑 0.3%，2009 年美国经济增长率为 -2.8%。经济衰退两年多后，在一系列政策的作用下，2010 年美国经济开始稳定，并重拾升势。2020 年，新冠肺炎疫情对全球经济和人类带来灾难，受此影响，美国经济和社会出现了许多问题。经济下滑，GDP 出现了负增长（-2%），详见图 1-8。

亿美元

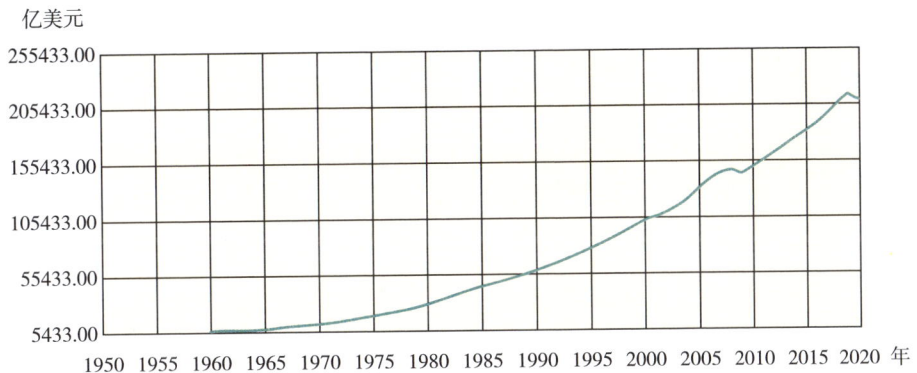

图 1-8　1950—2020 年美国经济走势

与此同时，自 20 世纪 80 年代以来，伴随着美国经济的节节攀升，道指承接 20 世纪 80 年代末的惯性继续发力、不断通关。1982 年底，道指再次稳稳地站上 1000 点关口。1985 年底，道指首次突破 1500 点。从 1000 点跨越至 1500 点，道指花了 13 年时间。随后一路飙升，1987 年 1 月 8 日，道指首破 2000 点大关。乍暖还寒，第二个"黑色星期一"考验股市，同年 10 月 19 日，道指狂跌 508 点，从前日收市的 2246.74 点跌至 1738.74 点收盘，日跌幅达 22.61%。这一跌幅排道指有史以来的第二高。美国爆发的这一"股灾"，也引发了全球股市的同步暴跌。但当年年底，道指又重拾 2000 点，1991 年 4 月 17 日，道指首破 3000 点；1995 年 2 月 23 日，道指首破 4000 点；1995 年 11 月 21 日，道指首破 5000 点；1999 年 2 月，道指首破 10000 点大关；2007 年 9 月 28 日达到 13930.01 点后，受次贷危机影响，一路下跌至 2009 年 1 月 30 日的 7062.93 点，跌去了 6867.08 点，跌幅达 49.30%。之后，随着经济的稳定，道指也重拾升势，2019 年末，道指报收 28538.44 点，详见图 1-9。

图 1-9 2004—2019 年道指（K 线）走势

2020 年，新冠肺炎疫情对人类带来了灾难，也对美国经济和资本市场乃至全球资本市场带来了巨大冲击。上半年美国 GDP 累计下降了 10%，4 月失业率飙升至 14.8% 的第二次世界大战后最高水平。道指从 2020 年 2 月 12 日的 29423.31 点，断崖式下跌到 3 月 22 日的 18591.93 点，跌去了 10831.38 点，下跌了 36.81%。为应对如此严峻的形势，美国政府实施了量化宽松政策，3 月 3 日美联储一改上年以来的"冻息"立场决定紧急降息 50 个基点，降息后联邦基金利率为 1.00%～1.25%。由于此次降息发生在 3 月 17—18 日的常规会议之前，如此急速降息反而引发了市场恐慌，加剧了市场对疫情冲击下经济前景的担忧，使美股在短暂回升后重拾跌势。3 月 16 日凌晨，美联储再次宣布降息 100 个基点，将利率从 1.00%～1.25% 下调至 0～0.25%，以刺激经济。3 月 27 日，美国政府又推出 2 万亿美元经济刺激计划法案，4 月 23 日推出 4800 亿美元法案，12 月 20 日推出 9000 亿美元法案，以刺激疫情下的经济。此外，美国加紧新冠疫苗的研制。在这一系列刺激和救助政策作用下，投资人的心态开始稳定下来，股市开始见底并产生一轮强劲反弹。道指从 3 月 22 日的谷底 18591.93 点强力反弹至 4 月 14 日的 23504.35 点，此后缓慢回升，11 月 17 日回升至疫情前的水平。11 月 23 日，道指向上首破 30000 点，收在 30046.24 点。此后一路攀升至 2021 年 8 月 20 日的 35120.08 点，详见图 1–10。

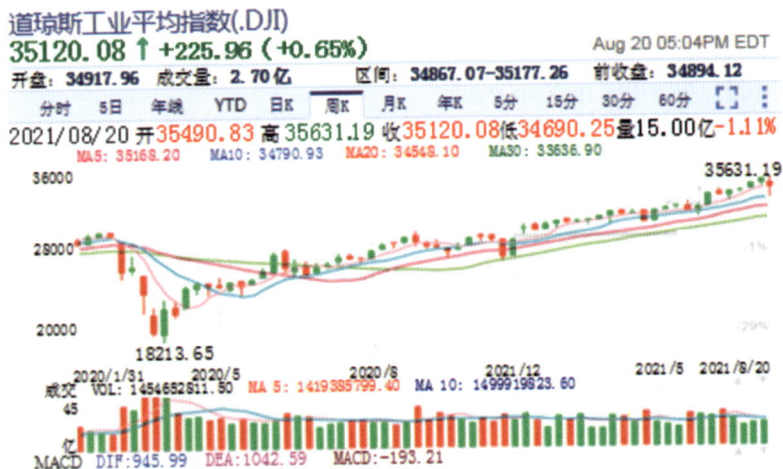

图 1–10　2020—2021 年道指（K 线）走势

纳斯达克指数（以下简称纳指）也紧随美国经济发展而持续上升。2020 年疫情来袭，纳指也调整了两个月，随美国经济刺激法案和量化宽松政策的推出而强劲反弹，由 6800 点左右反转持续上升，2021 年 8 月 20 日报收 14714.66 点，详见图 1–11。

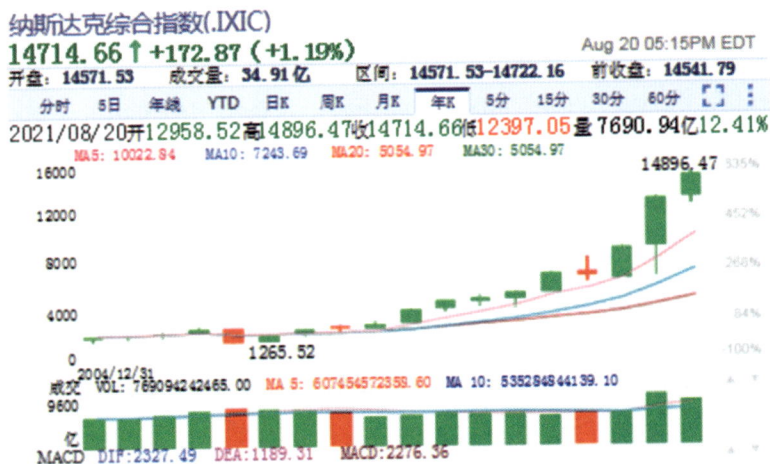

图 1–11　近 15 年纳指（K 线）走势

2020 年第一季度，受疫情影响，标普 500ETF 也由 2019 年 12 月 31 日的 3230.78 点回调了 3 个月，最低回调到了 2190.86 点，下跌了 32.19%。与道指和纳指同理，在经济刺激法案和量化宽松政策推出后，标普 500ETF 也由低谷的 2190.86 点强劲反转上升，2021 年 8 月 20 日报收 4441.67 点，相比疫情前 2019 年末的点位上涨 37.48%，详见图 1-12。

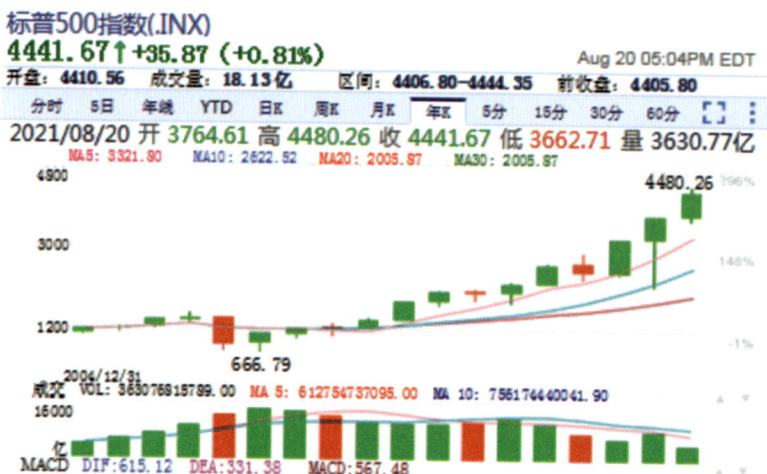

图 1-12　近 15 年标普 500ETF（K 线）走势

从前面的分析不难看出，美国股市与经济高度正相关，确实是美国经济的"晴雨表"。经济持续上升，股市就持续上涨，没人站出来高喊"泡沫""风险"，因为一切都按法治和市场经济规律行事。股市涨与跌都是市场行为，投资人具有风险意识。美国股市能走出次贷危机和疫情冲击带来的深度影响，主要归功于三大因素。一是美国经济在系列政策的刺激下快速恢复与增长，以及国际经济形势好转；二是美国股市前期管制的功效；三是美国股市中的上市公司（包括来自全球的一流企业）实力强，一流的上市公司，具备一流的投资价值。因此，大批世界一流的上市公司，是美国股市的中流砥柱，其优良的投资价值是支撑股市发展的基石。

（5）新经济刺激法案作用分析

2021 年 1 月 20 日，拜登宣誓就任美国总统，入主白宫。3 月 12 日，拜登签署了总额 1.9 万亿美元（约合人民币 12.3 万亿元）的经济刺激法案，前一日，众议院以 220 票赞成、211 票反对通过了该法案的最终版本，这意味着该法案自拜登正式上任前提出，经过两党多轮讨论、表决、修改，最终正式生效。其特点，一是以个人与家庭补助为重点，对个人的直接补贴为 1 万亿美元，占总额的 53%，居主导地位。之前三次经济刺激法案均以企业补助为主。二是对地方政府补助 3500 亿美元，对企业补助 150 亿美元。三是抗疫补助 4000 亿美元。新经济刺激法案对美国经济和股市的影响主要有以下几点。

①加速美国经济复苏。该法案有利于疫情后的美国家庭生活，可刺激消费，加上新冠疫苗已开始大面积接种，民众和投资人心态稳定，复工复产推进，预计美国经济将在下半年快速复苏。

②缓解社会矛盾。该法案具有明显的纾困性质，中产阶层和低收入人群获补贴最多，年收入在 7.5 万 ~ 10 万美元的补助相对减少，年收入 10 万美元以上者将得不到补助。这将大大舒缓美国近期的社会矛盾。

③增加政府债务压力。巨额拨款快速推升赤字水平与债务上限，美国国会预算办公室预测，到 2021 年底，联邦政府的债务将超过经济规模。此轮 1.9 万亿美元加上年底的 9000 亿美元开支，占到美国 GDP 的 13%，远高于奥巴马政府为应对次贷危机在 2009 年初通过的刺激计划。

④强化通胀预期。2021 年 3 月初，显示通胀预期的美国 5 年期与 10 年期损益平衡通胀分别涨至 2.5% 与 2.3% 上方，创 2008 年来新高。近期市场"再通胀交易"行情持续，美债收益率持续上升，3 月 4 日以来，10 年期美债收益率连续 9 天保持在 1.5% 上方，一度飙升至 1.6% 以上，创 4 年多来单月升幅新高。

⑤对资本市场的影响。2021 年 7 月以前，疫情随疫苗的普及接种而得到控制，城市、社区、生产生活隔离逐渐解除，经济出现强复苏，使企业盈利增加，对资本市场而言是重大利好。加上 1.9 万亿美元和 9000 亿美元两个法案的刺激，以及美联储低息政策的支持，市场资金充沛，对美股而言同样利好。但近期疫情出现反复，尤其变异的"德尔塔""拉姆达"毒株在美肆虐，传染性更强。这会抵消部分新经济刺激法案的作用。同时，应预防通胀预期引发加息周期到来从而引起美股波动的风险。

3. 美国经济的发展催生了资本市场一大批可长期投资持有的大牛股

美国经济的发展催生了资本市场的发展，而资本市场又培育出一大批可长期投资持有的股票品种。如伯克希尔·哈撒韦公司（NYSE：BRK. A Berkshire Hathaway；NYSE：BRK.B Berkshire Hathaway）、苹果公司（NASDAQ：AAPL Apple, Inc.）、微软公司（NASDAQ：MSFT Microsoft Corp.）、谷歌公司（NASDAQ：GOOG Alphabet, Inc.）、亚马逊公司（NASDAQ：AMZN Amazon.com, Inc.）、特斯拉汽车（NASDAQ：TSLA Tesla, Inc.）、辉瑞制药公司（NYSE:PFE Pfizer Inc.）、星巴克公司（NASDAQ：SBUX Starbucks Corp.）等。

这一大批明星公司是美国资本市场优秀上市公司的代表，它们的共同特点：一是切合了时代发展的需要；二是都有眼光独到的领军人物；三是搭上了美国经济发展与扩张的快车；四是产业与资本进行了很好的融合，上市公司借助资本市场的平台进行扩张发展；五是进行资源的全球配置与转型升级发展。这些公司创造了一个又一个奇迹，诞生了一个又一个神话，孵化了一批又一批价值投资者。在本书第二部分"资本市场掘金"——"美国资本市场掘金"中将对这批明星公司进行详细介绍。

（二）中国香港资本市场

1. 香港资本市场的诞生与发展

香港恒生指数创立于1964年7月，基数为100点。1965年银行发生挤兑风潮，1967年香港发生暴动，恒生指数连续三年下跌至最低点58点。随着社会秩序的恢复，经济得到了发展，在经济不断增长下，恒生指数由58点起步一路上涨，1969年初收复100点失地。此后一路上扬，1973年3月上涨到1775点。但此时的股市与香港经济严重脱离了，于是股市大幅下挫，1974年12月下跌至150点。随后，管理部门对香港股市在制度上进行了重建，加强了对上市公司和市场投融资活动的监管。恒生指数又反转向上涨到1600多点，之后又反复剧烈波动。于是，香港监管部门进一步强化市场监管，从1984年开始，香港股市开始恢复信心，步入牛市。从900点开始上涨，到1986年，恒生指数突破2000点，而同年5月恒生指数期货合约的推出，进一步推动了股市的繁荣。1987年6月6日恒生指数向上突破3000点，到10月1日达到3950点。随后全球股灾来袭，在国际市场动荡之下，香港股市出现了剧烈波动，10月26日恒生指数大跌1120.70点，以2395点收市，创历史跌幅最大纪录，最低到了1800点。10月27日，财政司宣布由外汇基金拨款10亿港元，由中国银行、汇丰银行、渣打银行再贷款10亿港元，并发动香港大财团联手救市，市场才得以稳定。但投资者信心受损，为了让国际投资者重拾对港股的信心，香港证券当局促使"四会"合并，组建香港联合交易所。自1989年成立香港证监会，投资者信心得以恢复。自1989年起恒生指数反转向上，1994年初便上升到11000点，得益于大量内地企业赴港上市和1997年香港回归，恒生指数于9月上涨到15000点左右。1998年上半年亚洲金融危机来袭，加上索罗斯攻击香港联合汇率，港股又一次出现非理性暴跌，至6000多点。在中央政府力挺和香港证监会以及香港金融界的共同努力下，力挫索罗斯，度过金融危机，当年恒生指数再次反身向上涨至 18000 点。之后又不断经历反复，到 2007 年 11 月恒生指数已上涨到 31958 点。2008 年，美国次贷危机进一步引发了国际金融危机，恒生指数又一路下挫到 10676 点。在"四万亿经济刺激计划"的作用下，香港投资者重拾信心。"信心比黄金重要"，市场信心恢复后，恒生指数又一路高歌，于 2009 年 11 月回升至 23000 点。之后螺旋向上，2018 年 1 月再次创下 33484.10 点新高。2019 年香港社会秩序出现了一些问题，2020 年新冠肺炎疫情全球蔓延，第一季度全球股市大跌，恒生指数也下跌到 21000 点左右。在政府和民众的努力下，内陆地区率先控制住了疫情，并复工复产，这给香港地区防疫提供了信心支撑，恒生指数逐步回升，加上新冠疫苗的面世和普及接种，香港股市得以恢复活力。

2020 年，人力资源社会保障部发布《关于调整年金基金投资范围的通知》，从 2021 年 1 月 1 日起，年金基金可通过股票型养老金产品或公开募集证券投资基金，投资内地与香港股票市场交易互联互通机制下允许买卖的香港联合交易所上市股票。新政发布后，一些年金计划或组合适时增配港股公募基金，多家年金基金投资管理机构向人力资源社会保障部递交了发行港股通股票型养老金产品的申请。按照科学公允、控量稳起、优势先发的审核原则，人力资源社会保障部依规对相关产品进行了审核，正式批准发行了首批 5 只港股通股票型养老金产品，分别为富国富丰港股股票型养老金产品、泰康资产丰禄优选港股股票型养老金产品、嘉实沪港深优选港股股票型养老金产品、南方基金创领新经济策略港股股票型养老金产品、工银瑞信信鸿港股股票型养老金产品。首批港股通股票型养老金产品的获批，标志着年金基金通过养老金产品投资港股通标的股票政策正式落地。这不仅将进一步推动年金基金投资管理机构提升专业港股投资管理能力，提高投资运营效率，促进年金基金保值增值，还将对提高香港金融市场交易活跃度、稳定市场发展预期、维护香港金融稳定繁荣发挥积极作用。

在上述重大利好消息刺激下，2021 年开年以来，恒生指数连创 2020 年 3 月以来新高，港股通交易出现开通以来最火爆场面，南向资金连续 12 个交易日净流入规模超 100 亿港元，累计净流入达 1853 亿港元。其中，科技蓝筹股倍受南向资金青睐。原因是，近年来受香港交易所上市制度改革等因素影响，内地大量新经济企业赴港上市，逐渐成为香港市场的主流，包括阿里巴巴、腾讯、京东、网易、小米、美团等。香港市场逐渐呈现新经济行业聚集、龙头企业扎堆、估值相对较低（目前恒指市盈率 PE 在 15 倍左右）三大特点，成为内地投资者资产配置的重要选项。从南向资金的结构看，既有基金等机构投资者，又有中小投资者。在资金净买入前 10 名股票中，腾讯控股、小米集团、美团、中芯国际等科技蓝筹股均位列其中。随着全球经济复苏，国际资金也将回流港股，与南向资金形成共鸣。截至 2020 年末，港股通累计持有港股市值近 2.1 万亿港元，占港股总市值的比重为 4.4%。南向资金稳定性强，会重复过去北向资金影响 A 股的历程，而港股市场估值也会向 A 股市场靠拢，会有一个提升过程。截至 2021 年 8 月 23 日，恒生指数报收 25109.59 点，详见图 1–13。

图 1–13　近 5 年香港恒生指数（K 线）走势

2. 香港资本市场可长期投资持有的优质股

香港资本市场起伏波动、螺旋上升，造就了一大批可长期投资持有的品种。其投资机会，一是具有"稀缺价值"的公司，主要集中在科技资讯行业，这些公司竞争力强、成长性高，伴随南向资金持续流入，这些公司的估值有望继续抬升。二是折价率高且具备高股息的公司，主要集中于金融行业，目前银行股的股息较高，是价值投资的好品种。三是破圈新经济、具备国际化能力的企业。四是新能源企业等。如腾讯控股（00700. HK）、阿里巴巴 -SW（09988. HK）、小米集团 -W（01810. HK）、美团 -W（03690. HK）、百度 -SW（09888. HK）、吉利汽车（00175. HK）、中国飞鹤（06186. HK）、蒙牛乳业（02319. HK）、中芯国际（00981. HK）、中国生物制药（01177. HK）、龙湖地产（00960. HK）、福耀玻璃（03606. HK）等。这些公司将在本书第二部分"资本市场掘金—中国香港资本市场掘金"中进行详细介绍。

四、价值投资

中国资本市场风风雨雨走过了 30 年，回头来看，市场在日益发展壮大。对投资者而言，赚钱机会多多，赔钱机会也多多，关键是看投资者的理念、心态与择时择券如何。如果择券对了，又长期持有，做价值投资，则多数人是赚钱的。有少数人没赚到钱，因为他们信念不坚定，中途被震仓出局了。不少人是以短线博弈心态参与市场，即以投机心态参与市场，总以为自己比别人高明，但每每赔钱。在资本市场打拼仍然需要坚定的信念，认准了就坚定地走起，不要掉队，莫受多种市场因素干扰，不为旁物所动，坚持价值投资。综观美国资本市场、包括我国香港资本市场在内的中国资本市场莫过于此。无论是机构投资者还是个人投资者，道理都一样。做价值投资才是正确的选择。

（一）符合监管政策导向

在注册制改革稳步推进和退市新规落地施行的制度保障下，价值投资理念正在成为市场主流认知。绩优股和绩差股不再齐涨齐跌了。只要发展前景看好，100 元、1000 元价格的股票也会吸引资金追捧，对绩差、空壳、僵尸企业用脚投票就好。正是市场这只"看不见的手"在调节市场，将资源配置向优质企业。目前沪深两市价格在 100 元以上的股票多达 150 只。强者恒强，大发展，弱者恒弱，直退市，这是市场的未来大趋势，也是市场趋于成熟的表现。在疫情肆虐，封城封省封国的情形下，"百元股"八成以上实现了净利润正增长，其中40 多只个股利润更是翻倍，持续获得资金的青睐。2020 年监管部门推出退市新规，将原来的面值退市指标修改为"1 元退市"，并新增"连续 20 个交易日收盘总市值均低于人民币 3 亿元"的市值退市指标。2020 年 12 月 26 日通过的《刑法修正案（十一）》与新《证券法》有效衔接，大幅提高了欺诈发行、信息披露造假、中介机构提供虚假证明和操纵市场等证券期货犯罪的刑事惩戒力度，大大规范和促进了市场健康发展，使得无主业、无经营的空壳公司和僵尸企业无法藏身。因此，沪深交易所有 89 家公司已经或即将按新规被实施退市风险警示。其中一类是没有主业的空壳公司，另一类是长期亏损的僵尸企业。这样一来，"炒壳""赌壳"的投资逻辑不再符合发展趋势了，转而形成价值投资认知，也迫使上市公司提高产品质量、提高服务水平、提升企业品质，满足消费者的需要，持续吸引投资者，从而获得生存能力。资源自然向着"名"（名牌企业）、"优"（优质企业）、"特"（其特点符合未来发展方向并有创新能力的企业）企业集中，并将成为常态化。2021 年 2 月 5 日，中国证监会发布《监管规则适用指引——关于申请首发上市企业股东信息披露》，明确规定提交申请前 12 个月内入股的新股东锁定期为 36 个月，并要求中介机构全面披露和核实新股东相关信息。这使得 IPO 前突击入股赚快钱的"造富"通道被堵住了，加上注册制逐步压缩一二级市场套利空间，"影子股东"和投机资本通过突击入股套取短期利益将受到制约，股权投资最终将回归价值投资的本源。

（二）顺应市场发展

道琼斯指数在 1981 年末仅 875 点，随着经济的增长，道指也持续稳步上升。2020 年上半年受新冠肺炎疫情影响，道指出现了断崖式深幅下探，从 2019 年末的 28538.44 点最深跌到了 18213.65 点，跌去了 10324.79 点。后来在量化宽松政策的刺激下，道指重新回到上升通道。2021 年 8 月 20 日报收 35120.08 点，同比上涨 2068.04 点，上涨 7.25%。而从更长的周期看，从 20 世纪 80 年代初至今道指在 40 年间上涨了 34245.08 点，详见图 1-14。

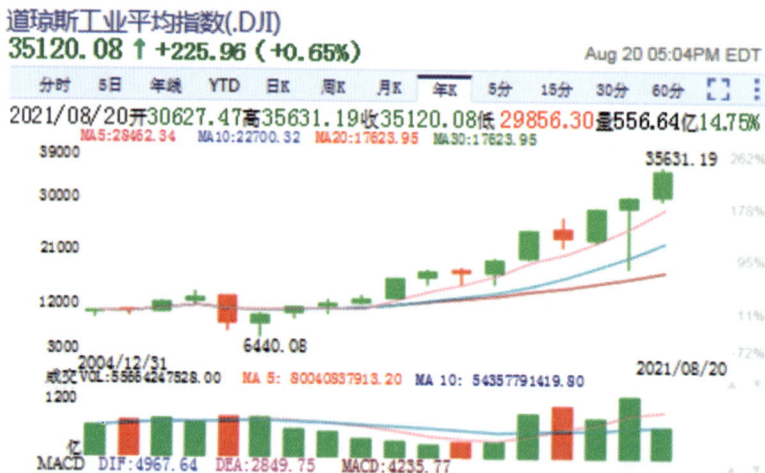

图 1-14　2004—2021 年道指（K 线）走势

40 年价值投资造就了多少神话公司，又造就了多少神话人物。巴菲特和他的伯克希尔—哈撒韦公司就是典型的神话。伯克希尔—哈撒韦公司股票又分 A 股和 B 股，即 BRK-A 和 BRK-B。伯克希尔—哈撒韦公司 BRK-A 股股价 2001 年末为 75600 美元 / 股，而 2021 年 5 月 7 日每股股价上涨到 445000 美元 / 股。伯克希尔·哈撒韦公司 BRK-B 股股价 2001 年末为 50.50 美元 / 股，而 2021 年 5 月 10 日每股股价上涨到 295.08 美元 / 股。其间，每年还有分红派息，价值投资到了极致。巴菲特一直恪守"价值投资，要投资就应考虑 10 年或更长"，他认为投资很简单，就是慢慢地积攒财富，时间长了财富就多了。巴菲特有着反常性的判断力和定力。在美国股市一路狂飙上涨的时候，巴菲特提出要退休隐退股市。而在他隐退后的那一年，美国股市开始大跌。在股市回落时期，人们的信心丧失殆尽的时候，巴菲特却抓住机会，靠自己敏锐的投资洞察力大胆买进。为此，巴菲特被冠以"股神"之名。巴菲特做投资一般不急于获利，遵循谨慎投资、长期持有原则。他一贯反对投机赚快钱，他认为投机最终是赚不到钱的。另外值得一提的是巴菲特酷爱阅读，阅读是他投资分析判断和做出决策的重要信息来源，也是他成功的关键所在，通过大量阅读，比其他人拥有更多信息，然后正确地分析，合理地运用，审慎地做出判断抉择。

根据美国商务部公布的数据，1980 年美国人均收入为 1.09 万美元，40 年来美国人均收入年均增长率在 4.2% 左右，2020 年美国人均收入为 6.34 万美元，增长了近 6 倍。1980 年美国 GDP 为 2.86 万亿美元，2020 年为 20.81 万亿美元，增长了 6.3 倍。伴随经济的持续发展和国民收入的持续增加，美国资本市场股权资产价格也一路上涨，这是造就神话公司和神话人物的根本前提。由此可以看出，只有坚持长线投资和价值投资才能紧跟时代步伐，实现财富的超额积累。

2000 年香港证券交易所上市公司总市值不足 5 万亿港元，2020 年末增长到 40 万亿港元，增长了 7 倍多，造就了一大批优质公司和优秀投资者。恒生指数 1991 年末为 4297.30 点，2021 年 8 月 20 日收报 24849.72 点，上涨了 20552.42 点，曾于 2018 年 1 月 31 日最高达到 334840.8 点，详见图 1-15。

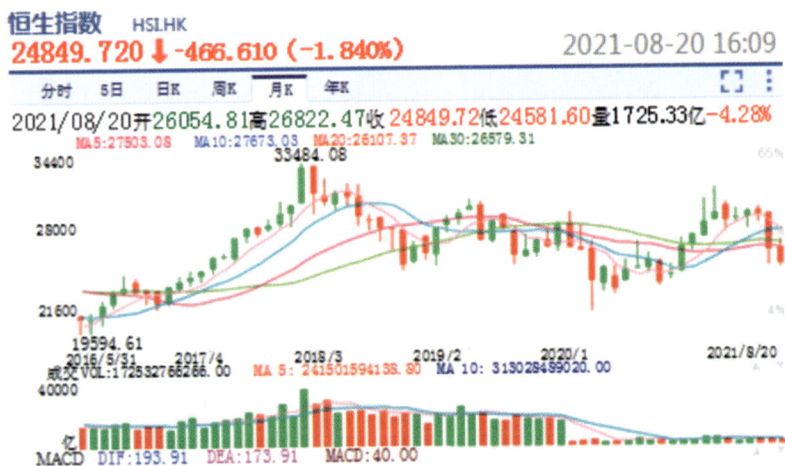

图 1-15　2016—2021 年恒生指数（K 线）走势

上海证券交易所 1990 年 12 月 19 日正式营业时仅有延中实业、飞乐音响、爱使电子等 8 只股票，总市值 23.82 亿元。经过短短 30 年的发展，截至 2021 年 5 月 24 日，沪市共有 1564 只股票，流通总市值达 38.65 万亿元。沪指从 100 点起步，螺旋上升，最高创下 6124 点。当然，沪市也经历了次贷危机、"熔断"的痛苦考验。在经历了多轮牛熊市的洗礼后，沪市又迎来了新的改革发展战略期，此时的沪市更加成熟，并朝着理性化发展。这 30 年，只有坚持价值投资的人才能生存下来，靠投机操作的绝大多数已被淘汰出局。这就是全国社会保障基金自成立以来坚持价值投资能取得年均投资收益率 8.14% 的原因。沪市在经历了新冠肺炎疫情行情的淬炼后已在 3400 点以上盘整固基。2021 年 8 月 24 日，上证综合指数报收 3514.47 点，平均市盈率仅 17.23 倍，详见图 1–16。

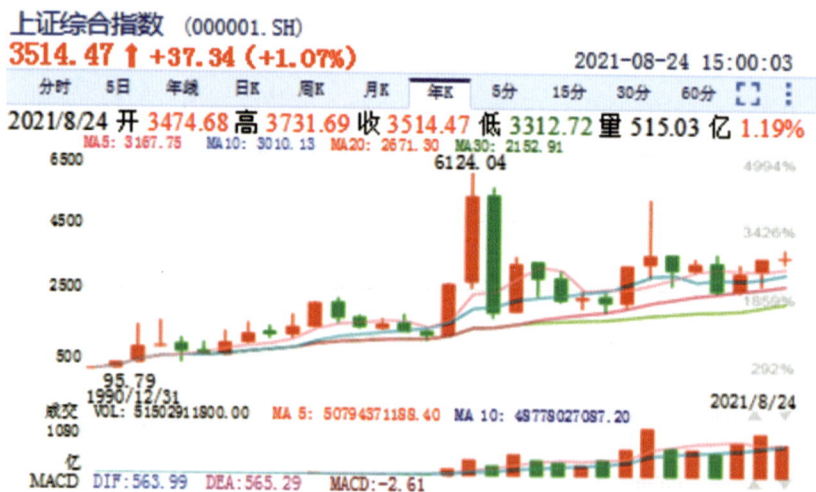

图 1–16　上证综合指数（K 线）走势

在沪港通开通后，从北向资金所钟爱的品种和投资方向来看，具有以下几个特点。一是公司的主业发展很健康、很稳定。二是公司有发展潜力，与国家大的发展方向吻合，而且是走在前列。三是公司有独立的产品研发与生产能力，有独到的销售渠道，不受外部势力"卡脖子"。四是经济社会生产与生活的必需品和次级必需品。这是一种真真切切的价值投资理念。

1991 年 7 月 3 日深圳证券交易所正式开立时也仅有 6 只股票，区区几个亿的市值。深指 1991 年末也只有 396.52 点，经过短短 30 年的发展，截至 2021 年 8 月 24 日，深市共有 2522 只股票，收于 14663.55 点，平均市盈率为 32.05 倍。

长期坚持价值投资的人收获颇丰，详见图 1–17。

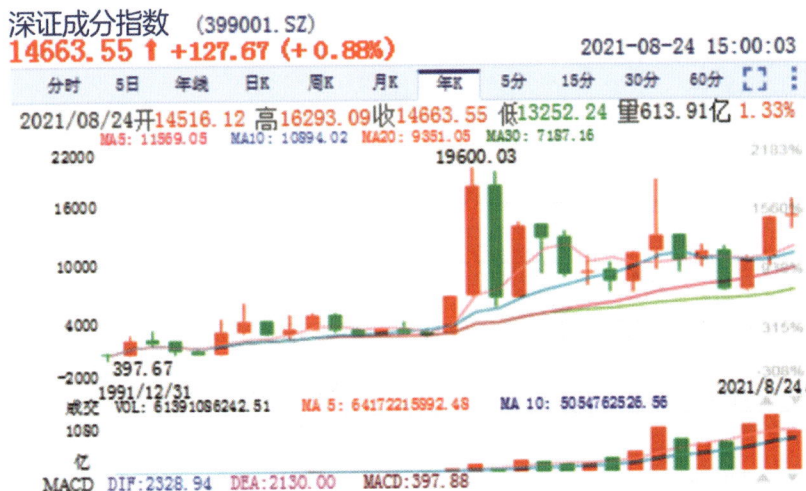

图 1–17　深证成分指数（K线）走势

2009 年 10 月 30 日创立板正式推出，经过 12 年的发展壮大，截至 2021 年 8 月 20 日，创业板上市公司数量已达 1011 家，平均市盈率为 57.01 倍，在全球主要创业板市场中位列第四，总市值为 13 万亿元，位列全球第二。而伴随着注册制的实行，更多的增量得以涌入创业板。在过去的发展历程中，创业板平均每年新增上市公司 80 余家，涵盖了 54 个行业。其中，数量排名前五的行业分别为计算机、通信和其他电子设备制造业，软件和信息技术服务业，专用设备制造业，电气机械和器材制造业，以及化学原料和化学制品制造业，五大行业公司数量达到 521 家，占比超过 50%。其中计算机、通信和其他电子设备制造业，软件和信息技术服务业中不乏优秀上市公司值得长期投资持有。创立板刚推出时，创立板指数只有几百点，随着上市公司盈利的增加，投资人相继看好创立板，创立板指数也持续上涨，2021 年 8 月 24 日报收 3330.58 点，详见图 1–18。

巴菲特曾谈论过中国市场，其中有两句话非常重要，一是中国市场的估值比美国低，股票更便宜！二是中国是一个新的市场，会有很多人参与到股票市场。股市的变化来自严格监管，这将改善市场，重塑市场的投资风格。同时，这种变化将越来越符合价值投资者的口味。

创业板指数 （399006.SZ）
3330.58 ↑ +36.81 （+1.12%）　　　　2021-08-24 15:00:03

| 分时 | 5日 | 年线 | 日K | 周K | 月K | 年K | | 5分 | 15分 | 30分 | 60分 |

2021/08/24 开 2977.32 高 3576.12 收 3330.58 低 2603.94 量 172.47亿 12.28%
MA5: 2219.63　MA10: 1926.43　MA20: 1760.96　MA30: 1760.96

图 1-18　创立板指数（K线）走势

从客户结构上分析，据南方财富网披露，2020 年以前，中国资本市场以散户为主，机构投资者持有市值仅占 13%。但散户易受情绪影响，波动性大。在持股时长上，熊市周期中，大部分散户会持有股票，死扛到底；而在牛市周期中，个人投资者平均持股期限仅为 39.1 天，远低于机构投资者的 190.3 天。在交易频率上，散户的年换手率高达 10 倍，而一个基金经理人的年换手率为 3 ~ 5 倍，巴菲特的年换手率仅为 0.3 倍。价值投资是制胜法宝，随着国内养老基金每年持续的缴费积累和前文讲到的源头活水源源不断地进入市场，机构投资者所占市场比重将大幅提高，必将把价值投资理念深化演绎。目前美国资本市场的资金中 37% 来自养老基金，而中国养老基金在资本市场中所占的比例仅 3%，因此，养老金及机构投资者未来的提升空间相当大。

在投资风格上，每个行业的龙头都是该行业的佼佼者，发展前景可期，具有百年老店的潜质，因此越来越受到投资人的青睐。据《金牛基金周报》2021 年 1 月 11 日报道，近 60 个交易日以来，市值千亿元以上的股票平均涨幅达 22.6%，而 50 亿元以下的股票平均跌幅达 9.4%，分化较为明显。

从全球经济金融因素分析，一是利率可能长期维持在低水平状态，甚至在某些发展阶段会实行负利率，这是因为一些经济体要保证自己的经济持续相对较快增长。二是随着中国经济的长足发展，人民币会保持坚挺，这有利于吸引外资入市。三是后疫情时代全球生产会稳定上升，企业效益向好，有利于股市向好，全球估值中枢会上移，而中国估值整体不高，上升空间大。尤其一些大型经济体主动推出经济刺激计划，会进一步推动资本市场价格整体上扬。

关于估值问题，一位提前离开"抱团"队伍的公募基金经理这样说道："凭借从业多年积累的经验判断，消费股 50 倍市盈率（PE）算比较贵了，100 倍 PE 肯定是泡沫。谁能想到，自以为卖出价已足够高的白酒股，还能加速上涨一倍有余？"语气中透露着失落与不解。其实，人们估值时往往只根据财务指标进行评判，这本身没什么问题。但如果投资人想要投资某个产品（某只股票），不应该只考虑根据其财务指标得出的估值水平，还应该考虑其品牌价值和发展的潜在价值，即财务价值＋品牌价值＋潜在价值＝当期投资评估参考价值。

就单只股票价格高低而言，在一个小规模的市场中，单一股票价格不会高到哪里去，因为水少、船小、桅杆低。但如果市场的规模逐年持续扩大，容量也持续扩大，那么高价股就会成群诞生，这是资本市场发展的规律。例如，美国资本市场上折合人民币 1000 元以上的股票比比皆是，这叫水多、船大、桅杆高。中国资本市场再经过 10 年的发展也会水多、船大、桅杆高。这是很正常的，人们完全不必去指责某某股票价格过高，因为这一切都是严格监管下的市场行为，是由"看不见的手"对市场资源的自然配置。

一只股票价格的高与低不是简单看其绝对股价的高低，只有通过科学的对比才能得出正确的结论。例如，贵州茅台 2021 年 9 月 17 日的收盘价为 1686.00 元，市盈率为 43.45 倍，每股税后利润年化收益为 39.26 元。即用 1686.00 元购买 1 股贵州茅台股票，按其市盈率计算，只需要 43.45 年便可收回投资本金。而某低价股同一日收盘价为 4.57 元，市盈率为 525 倍，每股税后利润为 0.01 元。即用 4.57 元购买该股票 1 股，需要 525 年才能收回投资本金。哪只股票实际投资价格高，哪只股票实际投资价格不高，一目了然。投资者该投资哪一个品种自己心里就有数了。

（三）认真择券择时

首先是择券。要进行价值投资和长线投资，择券非常重要，不是随便买一只股票放在那里长期持有就能有收获，证券市场每年都有一些不满足条件的券种退出市场。若择券不当，风险很大，投资人必须学会规避择券风险，并且要选择好券种。基本要点：一是大量阅读了解国家和地区关系证券市场的大的经济政策、货币政策、金融财政政策、产业发展政策等。不要让自己的投资逆潮流而动，要顺势而为。二是学习了解并掌握证券市场法律法规和运行规则，使自己的操作犯不知规则的低级错误。三是查阅大量上市公司的年报资料及正规渠道发布的相关数据，独立研判分析，得出自己的分析判断后审慎投资。不要四处打听小道消息，把鸡毛当令箭而据此投资。四是从众多上市公司中遴选出几个品种，再深入了解公司的发展情况，若有必要甚至可以到公司实地考察了解。要看公司主业发展是否健康、稳定，主业是否专业和精深，主业是否占据主要比重；公司发展潜力如何，是否与国家大的发展方向相吻合，是否走在前列；公司有无独立的产品研发与生产能力，是否有独到的销售渠道，不受外部势力"卡脖子"；公司是否为行业龙头，其产品是否名优、畅销；公司各项财务指标，如每年税后利润增长情况、每股税后利润增长情况、分红派息情况如何；等等。

其次是择时。选择好券别品种后选择什么时候入场也很重要，择时对了会大大提高投资效率，择时不好则会大大影响投资效率。大的问题没有，只是会多付出时间成本。

（四）战胜自我

一是要战胜恐惧。做价值投资即为长线投资，要有定力，不要被短期波动吓到，坦然面对市场波动。过分在意短期市场波动，就难以战胜恐惧，战胜不了恐惧就会出现以下情况：第一天回调时还能承受，第二天回调时就会紧张，第三天回调时就会恐慌，第四天还回调就承受不了了，抛股。市场就像在逗你一样，一抛出第二天股价就拉起来了。反复几次，心情就变坏了。做价值投资，应用一年以上的时间来考察所投产品的走势，规避盲动风险，不为短线情绪所困扰，做投资不做投机。

二是要战胜贪婪。当持有的品种涨势良好时，投资人为了赚更多的钱就会去找亲戚朋友、同事借钱买股票。不赞成这种做法，因为市场有风险，一旦赔钱将无法面对亲戚朋友和同事。也不能把家里所有的资金都投入市场，而影响生活质量。应在不影响家庭生活水平的前提下用剩余资金进行投资。

三是战胜诱惑。当看好并持有的股票几天、几周甚至几个月都不涨，而别的股票不断上涨时，要经得起诱惑。因为实践中常见的现象是当你经不住诱惑抛出持有的股票，而追涨买进上涨股票后，买进的股票却戛然而止不涨了，反而下跌；之前抛出的股票却突然开始上涨了。投资需要有良好的心态，不能急功近利。

（五）积极打新

这里主要介绍中国境内打新。要打新就得先学习并掌握新股申购相关规定。新股申购日为 T 日，按账户 T-2 日前 20 个交易日（含 T-2 日）的日均持有市值计算新股额度。沪市要求持有股票市值在 1 万元以上，每 1 万元市值可申购一个申购单位，不足 1 万元的不计入，每一个申购单位为 1000 股，申购数量应当为 1000 股及其整数倍，但最高不得超过当次网上初始发行股数的千分之一。深市要求开立深市 A 股账户，T-2 日（T 日为网上申购日）前 20 个交易日（含 T-2 日）的日均持有市值达到 1 万元（含 1 万元）才能计算新股额度。深市新股申购必须是 500 股或者 500 股的整数倍，每 500 股一个配号。如果申购的是创业板股票，则要求开通创业板权限。就一只新股而言，一个证券账户只能申购一次。若是机构打新，沪深交易所规定其必须有 6000 万元股票底仓。

投资者申购日（T 日）申购但无须缴纳申购款，T+2 日根据中签结果缴纳认购款。投资者自主表达申购意向，证券公司不得接受投资者全权委托代其进行新股申购。投资者申购中签后未按时间和金额要求留存足额缴款资金算违约，当连续 12 个月内累计出现 3 次中签后未足额缴款的情形时，6 个月内不得参与新股、可转换公司债券、可交换公司债券申购。

关于弃购股份的处理，因投资者资金不足而放弃认购的股份、因结算参与人资金不足而被无效处理的股份由主承销商包销或根据发行人和主承销商事先确定的其他方式处理。

掌握了打新规则后，应坚持在沪深市场双边打新。其实打新操作很简单，各券商的操作系统都有类似"一键申购"的功能，投资者打开交易系统，只要点一下"一键申购"便可。

（六）市场价值投资理念正在形成

注册制与退市机制推行以来，证券市场正悄然发生变化，即价值投资理念与实操正在形成。市场这只"看不见的手"正在把资源向优质资产进行配置。尤其社保基金和年金基金的投资可说是这方面的佼佼者与优秀的市场代表。年金权益投资占市场的比例未来将不断提升，年金投资也成了不少基金公司重点发力的业务。不少基金公司成立了专门的养老金投资部，不断优化管理架构和投资管理框架。随着越来越多的年金资金进入市场，价值投资理念也会逐渐成熟。近两年的年金权益投资成绩单亮丽，其中的重要原因之一就是坚持了价值投资理念。梳理数据后发现，2020 年全年，在有业绩统计的 145 只投资于权益资产的年金养老金产品中，有 143 只取得了正收益，有 67 只年金养老金产品全年投资回报超 50%。

第二部分

资本市场掘金

掘金思路或叫选股思路：第一，公司是百年老店，或属于朝阳产业。第二，公司的生存能力和盈利能力强，发展前景好，发展潜力大，产品供给和市场需求衔接流畅，产品畅销。第三，公司质地好，K线图呈多头排列，股价走在（螺旋）上升通道里。或因季节性原因，或因某突发事件，股价会短期回落筑底。第四，公司产品能代表当前先进的科学技术，能引领和带动相关产业发展。第五，公司的产品和服务与人们的日常工作生活有着紧密、广泛的联系。据此，本书从沪深市场选择了消费类、新能源及新能源汽车类、生物化学医药类、科技类、金融类及其他类共 39 家公司进行重点介绍；从中国香港市场选择了互联网、软件类、新能源汽车类、食品饮料类及其他类共 13 家公司进行重点介绍；从美国市场选择了金融投资类、网络科技类、新能源汽车类、生物制药类、食物饮料类共 8 家公司进行重点介绍。三大市场共选择了 60 只个股产品，也称"全球漂亮 60"，供读者投资参考。选择理由如下。

——消费类品种。"十四五"规划明确提出，"坚持扩大内需这个战略基点，加快培育完整内需体系，把实施扩大内需战略同深化供给侧结构性改革有机结合起来，以创新驱动、高质量供给引领和创造新需求，加快构建以国内大循环为主体、国内国际双循环相互促进的新发展格局"。而内需必然以消费为引擎，换句话说，消费应该是驱动内循环正常运行的发动机。事实上，消费已经成为推动经济发展的主要引擎。随着小康社会建设的推进，人们的生活水平日益提高，中产阶层群体会越来越大，并逐步成为社会的主体，人们对高端生活品的需求会持续增加。同时，《建设高标准市场体系行动方案》明确要求推动消费品国内外标准接轨；制定修订一批国家标准及其检测方法，加大国际标准采用力度；实施内外销产品同线同标同质工程，在消费品领域积极推行高端品质认证。而消费中必不可少的是饮食或叫餐饮。民以食为天，中国 14 亿人口的饮食必然是消费的第一驱动力。2020 年 12 月 28 日，商务部、国家发展改革委、工业和信息化部等多个部门联合印发《关于提振大宗消费重点消费　促进释放农村消费潜力若干措施的通知》，要求"提振餐饮消费""释放餐饮消费潜力""完善相关扶持政策，促进绿色餐饮发展，加快培育绿色餐饮主体。鼓励各地因地制宜开展各类线上线下餐饮促消费活动，完善餐饮服务标准，支持以市场化方式推介优质特色饮食，提升市场人气，提振消费信心"。其中"优质特色饮食"必然也是名牌或将会成为名牌的饮食，由此可推出，"名""优""特"饮食或叫餐饮会得到消费者的欢迎和追捧。从字面上看，不管叫饮食或叫餐饮都离不开喝的，因为有一个"饮"字，因此，"名""优""特"饮品也会得到消费者的欢迎和追捧。饮品是什么，自然是酒或非酒类饮料。这其中"名""优""特"酒自然成了饮品中的上品。酒在中国已有几千年的历史，已经成为中国饮食文化的重要组成部分，就像歌中唱到的那样，"朋友来了有好酒"。生产酒的企业中也不乏百年老店、千年老店。2021 年 9 月，商务部出台《关于进一步做好当前商务领域促消费重点工作的通知》，进一步说明了消费是促进国家经济发展的重中之重。

　　工业和信息化部 2021 年 8 月 2 日发布了《对十三届全国人大四次会议第5834 号建议的答复》，公布了工业和信息化部答复全国人大代表余东提出的"关于加强中国白酒文化遗产与知识产权保护的建议"的具体内容。工信部表示，"我部赞同您提出的推动中国白酒文化遗产申报世界文化遗产的建议。酿酒文化是中国传统文化的重要组成部分，白酒文化遗产是中国酿酒文化的重要载体，加强传统酿酒技艺和老作坊等白酒文化遗产的保护，对传承保护中国传统文化、增强民族文化认同感和凝聚力具有重要意义"。中国白酒申遗成功，将极大地提升中国白酒的知名度和国际品牌效应，其价值是不可估量的。另外，全市场绝大多数食品饮料都有有效期，过期将作废。只有白酒不怕"过期"，越"过期"，越值钱，还要涨价销售。几千年的酿酒技艺和文化不光是中华文明的重要组成部分，也是世界文明的重要组成部分，必然会世代传承下去。因此，在消费类品种中着重介绍白酒品种。

——新能源及新能源汽车类品种。新能源将改变世界。国家主席习近平 2020 年 12 月 12 日在气候雄心峰会上表示："我愿进一步宣布：到 2030 年，中国单位国内生产总值二氧化碳排放将比 2005 年下降 65% 以上，非化石能源占一次能源消费比重将达到 25% 左右，森林蓄积量将比 2005 年增加 60 亿立方米，风电、太阳能发电总装机容量将达到 12 亿千瓦以上。"同时，2020 年 9 月国家主席习近平在第七十五届联合国大会上郑重宣布"中国将提高国家自主贡献力度，采取更加有力的政策和措施，二氧化碳排放力争于 2030 年前达到峰值，努力争取 2060 年前实现碳中和"。2021 年 10 月 24 日，国务院印发《2030 年前碳达峰行动方案》，将碳达峰贯穿于经济社会发展全过程和各方面，重点实施能源绿色低碳转型行动等"碳达峰十大行动"。碳达峰、碳中和不仅对环保产业、能源产业有重大影响，与其他行业也息息相关。这意味着 2060 年前中国产业必须实现绿色低碳转型，中国新能源汽车、锂电池时代来临。2021 年，《新能源汽车产业发展规划（2021—2035 年）》正式实施，明确规定国家生态文明试验区、大气污染防治重点区域新增或更新公交、出租、物流配送等公共领域车辆，新能源汽车比例不低于 80%。到 2025 年，新能源汽车新车销售量要达到汽车新车销售总量的 20% 左右。

在国际上，2020 年 11 月 16 日《环球时报》援引英国《金融时报》称，从 2021 年开始英国政府将投入 5 亿英镑建设新能源汽车基础设施，包括电网和快速充电桩。英国政府称将致力于成为"绿色金融的先锋"，并将禁止超市售卖涉嫌非法开采森林的商品。英国政府还将英国燃油车禁售时间表从 2040 年提前到 2035 年，目前新能源车型在英国乘用车市场的占有率达 12.1%。英国本土汽车制造商宾利决定自 2026 年起不再销售传统燃油汽车。英国将在 2050 前实现碳排放中和。德国《经济周报》报道称，欧盟销售的新车中每 10 辆就有一辆电动车。2020 年欧盟新电动车注册超过 57 万辆，与上年同期相比增长了 122%。德国规定对售价在 4 万欧元以下的新能源汽车补贴由此前的 3000 欧元提升至 9000 欧元。2020 年 10 月瑞典新能源汽车销量同比增长 198.8%，而当月挪威乘用车市场 79.1% 的市场份额也被新能源汽车占据。由此可见，在未来 30 ~ 50 年间新能源汽车将完全取代传统燃油汽车。美国政府也重视气候环境变化，将增加对清洁能源的开发投入，新能源汽车将逐渐替代燃油汽车。这就为全球新能源汽车打开了巨大的市场空间。根据工业和信息化部发布的数据，截至 2020 年底，新能源汽车产销量连续 6 年位居全球第一，累计推广了逾 550 万辆。2021 年以来，国内新能源汽车产业快速增长，上半年累计销量 120.6 万辆,占整个汽车销量的 9.4%,对传统汽车形成了一定替代,预计全年销量会突破 220 万辆,新能源汽车产业前景无限宽广。此外,与中国"双碳"政策紧密关联的光伏发电和风能产业,与新能源汽车紧密联系的锂离子电池、锂聚合物电池、动力电池、大容量储能电池、风光电储能等企业,也将迎来巨大的市场空间。

——生物化学医药类品种。生物化学医药产品也是人类什么时候都离不开的,只要人类存在就需要医疗与药品,千百年永远相伴相随。当下新冠肺炎疫情肆虐,针对新冠肺炎疫情的生物化学医药产品更是世界的紧俏物资。而全球疫情短期内不会消亡,病毒还在不断变异,挑战人类的医疗卫生,以及医疗卫生的管理水平。新冠肺炎疫情给人类带来了灾难,同时也鞭策人类加快生化医疗变革。因此,生物化学医药产品将会是人类永恒的需求品。

——科技类品种。目前中国科技领域最紧缺的产品恐怕要数芯片了。先是手机被爆"缺芯",后是汽车行业也被爆出半导体短缺、产能缩减。自 2020 年下半年以来,各类新闻报道中关于芯片短缺的消息一个接一个,全球制造业产业链陷入了一场持续性的"芯片短缺潮"。按照"十四五"规划,"十四五"期间,中国将"把科技自立自强作为国家发展的战略支撑,面向世界科技前沿、面向经济主战场、面向国家重大需求……制定科技强国行动纲领……打好关键核心技术攻坚战,提高创新链整体效能"。目前,中国芯片自给率不足 40%,高端芯片主要依赖进口。因此,研发、生产和销售半导体芯片与集成电路相关产品的公司将有巨大的发展空间。

——金融类品种。金融类投资品种有很多,如银行、证券、保险等,尤其以银行股市值最大。它们是市场中的定海神针,股价波动不大。同时,这类上市公司效益又好,因而其市盈率普遍较低,适合长线投资获取分红派息。因此,本书从沪深市场中的大型国有商业银行和全国股份制商业银行中各选一家具有代表性的银行进行介绍,在美国资本市场中有选择性地介绍一家保险公司。有人说,买金融机构的理财产品不如买金融机构的股票。此话有理,2021 年 11 月 24 日,工商银行的市盈率为 4.88 倍,招商银行的市盈率为 11.41 倍,伯克希尔·哈撒韦公司(NYSE:BRK.A Berkshire Hathaway;NYSE:BRK.B Berkshire Hathaway)的市盈率为 6.35 倍。按此市盈率相应的价格购买它们的股票,拿住了,每年等待它们定期分红派息都很划算。一般年平均收益率都高于当期金融机构普通理财产品的收益率。例如,工商银行 2020 年每股分红 0.26 元,对应股价为 5.20 元,收益率为 5.00%。

——互联网类品种。互联网（Internet）是世界上最大的电子计算机网络。全世界的电脑能够通过互联网联系起来，进行通信或分享信息资源。它的形成使计算机不但能处理信息，而且可以获得信息和传递信息，其迅速发展对全球政治、经济、文化等领域具有深远的影响。互联网完全改变了我们的生活，其在发展远程教育、人际交流、计算机开发、人们的日常工作生活等方面发挥着巨大的作用。互联网的出现也引发了许多新生事物，如网上购物、网上大学、网上社交等。人类社会已经离不开互联网了，互联网公司有着广阔的发展前景。

——其他类品种。其他类品种也满足上述"选股思路"中的五点要求，只是在归类时归进了其他类里。

一、沪深资本市场掘金

（一）消费类品种

1. 贵州茅台（600519.SH）

贵州茅台酒股份有限公司（Kweichow Moutai Co., Ltd.）于 2001 年 8 月 27 日在上海证券交易所上市，发行价格为每股 31.39 元，总股本（全流通）12.56 亿股，董事长丁雄军。所属行业：食品饮料—饮料制造—白酒。经营范围：茅台酒系列产品的生产与销售；饮料、食品、包装材料的生产、销售；防伪技术开发、信息产业相关产品的研制、开发；酒店经营管理、住宿、餐饮、娱乐、洗浴及停车场管理服务等。员工人数为 29031 人。控股股东：中国贵州茅台酒厂（集团）有限责任公司。实际控制人：贵州省人民政府国有资产监督管理委员会。公司注册地址和办公地址：贵州省遵义市仁怀市茅台镇。贵州茅台酒股份有限公司主打产品为飞天茅台。43 度、38 度、33 度茅台酒拓展了茅台酒家族低度酒的发展空间；茅台王子酒、茅台迎宾酒满足了中低档消费者的需求；15 年、30 年、50 年、80 年陈年茅台酒填补了我国极品酒、年份酒、陈年老窖的空白，在国内独创年代梯级式的产品开发模式。公司形成了低度、高中低档、极品三大系列 200 多个规格品种，全方位跻身市场，从而占据了白酒市场制高点，称雄于中国极品酒市场。

据《券商中国》披露，内外资紧抱 A 股核心资产，2021 年 4 月，全球最大的中国股票基金——瑞银（卢森堡）中国精选股票基金（美元）加仓了贵州茅台股票，持股数量较 3 月末增加了 3.39%，持股市值为 9.18 亿美元，约合人民币 58.7 亿元，为其第三大重仓股。全球第四大中国股票基金——摩根中国 A 股机会基金 2021 年 4 月也凶猛加仓了贵州茅台，该基金持有的贵州茅台股份数量较 3 月增加了 741.58%，持股市值约 16.4 亿港元，约合人民币 13.52 亿元。值得一提的是，海外不少中国股票基金都重仓贵州茅台。万亿资管机构资本集团旗下的美洲基金—欧洲亚太成长基金（Euro-Pacific Growth Fund），持有贵州茅台 761 万股。截至 2020 年第三季度末，旗下的另一只基金"美洲基金—新世界基金"持有 255 万股贵州茅台。外资机构为什么喜欢贵州茅台？一来，消费板块几乎是外资一致看好的中国资产类别。二来，全球指数机构编制的中国股票指数多将贵州茅台作为重仓成分股。海外投资机构通常将这些指数作为业绩参照基准，其中的重仓成分股受到重视。截至 2020 年 11 月末，MSCI 中国 A 股指数的第一大成分股便是贵州茅台，占指数权重的 5.69%。贵州茅台也是中国公募基金在 2020 年加仓最多的股票。内外资齐加仓贵州茅台的原因在于贵州茅台未来盈利增长的确定性。

从财务指标看，年报显示，2020 年公司实现营业收入 979.93 亿元，同比增长 10.29%；实现归母净利润 466.97 亿元，同比增长 13.33%；每股收益 37.17 元，同比增长 13.32%。2021 年中报显示，6 月末公司实现营业收入 507.2 亿元，同比增长 11.15%；实现归母净利润 246.50 亿元，同比增长 9.08%；每股收益 19.65 元，同比增长 9.12%。各项指标稳步增长，截至 2021 年 8 月 27 日的 60 天内有 38 个研究报告对其进行了评级，以买入为主。

公司股票自上市至今已经 20 年了，一直受到国内外机构投资者和个人投资者追捧，股价持续上升，2021 年 8 月 27 日，公司股价报收 1596.03 元 / 股，市盈率为 43.68 倍，总市值为 20049.29 亿元，详见图 2-1。

图 2-1　贵州茅台股票价格（K 线）走势

未来看点：中国的第一白酒品牌正在得到世界市场的认可，尤其飞天茅台长期卖断货，这就决定了其长期持有的价值。加上其他系列品牌产品的推出，公司业绩持续稳定增长毋庸置疑。而且贵州茅台是完全独立自主的民族大品牌，不存在"卡脖子"问题。预计 2021 年全年营业收入将突破 1000 亿元，归母净利润也将突破 500 亿元。

风险提示：贵州茅台盈利的持续性中一重要动力是产能持续扩大，需要关注公司产能是否持续扩大；政策风险。

2. 酒鬼酒（000799.SZ）

酒鬼酒股份有限公司（Jiugui Liquor Co., Ltd.）于 1997 年 7 月 18 日在深圳证券交易所上市，总股本 3.25 亿股，董事长王浩。所属行业：食品饮料—饮料制造—白酒。主营业务：生产、销售酒鬼酒系列白酒和湘泉系列白酒。办公地址：湖南省吉首市振武营酒鬼工业园。酒鬼酒股份有限公司是湖南省农业产业化龙头企业，也是湘西州最大的工业企业。公司系列产品依托"地理环境的独有性、民族文化的独特性、包装设计的独创性、酿酒工艺的始创性、馥郁香型的和谐性、洞藏资源的稀缺性"六大优势资源，成就了"内参""酒鬼""湘泉"三大品系，是中国馥郁香型白酒领袖品牌。"酒鬼""湘泉"也是"中国驰名商标"。

从财务指标看，年报显示，2020 年公司实现营业收入 18.26 亿元，同比增长 20.79%；实现归母净利润 4.92 亿元，同比增长 64.15%；每股收益 1.51 元，同比增长 64.15%。2021 年中报显示，6 月末公司实现营业收入 17.14 亿元，同比大幅增长 137.31%；实现归母净利润 5.10 亿元，同比大幅增长 176.55%；每股收益 1.57 元，同比大幅增长 176.56%。各项指标稳步增长，截至 2021 年 8 月 27 日的 60 天内有 14 个研究报告对其进行了评级，以买入为主。

公司股票上市后市场表现平稳，在较长一段时间股价稳定在 30 元左右。2019 年，公司营销机制进行了重大创新，成立了湖南内参酒销售有限公司，"内参"是酒鬼酒中的拳头产品，市场指导价为 1499 元。2020 年内参系列实现营业收入 5.72 亿元，占营业总收入的 31.34%，而毛利率却是全公司系列产品中最高的（92.41%），大大提升了公司的盈利空间，同时也优化了公司的盈利结构。加上 2020 年 5 月酒鬼酒提价，净利润也有了快速增长。股价相应从 2020 年初的每股 30 多元持续上升，2021 年 8 月 27 日，公司股价报收 213.00 元 / 股，市盈率为 84.67 倍，公司总市值达 692.10 亿元，详见图 2-2。

图 2-2 酒鬼酒股票价格（K 线）走势

未来看点：酒鬼酒盘小绩优，市场稳定，且高端品牌"内参"逐渐得到市场认可，市场范围正在扩大，盈利能力可期，因此长期看好酒鬼酒。

风险提示：疫情反复，给市场消费与销售带来影响的疫情风险；部分游资快速撤离带来的股价波动风险；新市场拓展不及预期的风险。

3. 山西汾酒（600809.SH）

山西杏花村汾酒厂股份有限公司（Shanxi Xinghuacun Fen Wine Factory Co., Ltd.）位于山西省汾阳市杏花村，前身杏花村汾酒厂成立于 1949 年 6 月。1993 年 12 月，公司经批准改制为股份有限公司，于 1994 年 1 月 6 日在上海证券交易所上市，为山西省第一家上市公司，同时也是中国白酒行业上市第一股。总股本 12.20 亿股，董事长袁清茂。所属行业：食品饮料—饮料制造—白酒。主营业务：汾酒、竹叶青酒及其系列酒的生产、销售；酒类高新技术及产品研究、开发、生产、应用；投资办企业及相关咨询服务。

从财务指标看，年报显示，2020 年公司实现营业收入 139.90 亿元，同比增长 17.63%；实现归母净利润 30.79 亿元，同比增长 56.39%；每股收益 3.55 元，同比增长 56.47%。2021 年中报显示，6 月末公司实现营业收入 121.20 亿元，同比增长 75.51%；实现归母净利润 35.41 亿元，同比增长 117.54%；每股收益 2.92 元，同比增长 117.91%。从收入结构来看，汾酒占 90.27%，配制酒占 4.67%，系列酒占 4.04%，其他业务占 1.01%。公司各项指标稳步增长，截至 2021 年 8 月 27 日的 60 天内有 32 个研究报告对其进行了评级，以买入为主。

2017 年，随着山西省内需求的恢复和省外渠道调整到位，公司效益向好，股价从 1 月的每股 20 元左右上行至 2018 年 1 月的每股 60 多元，之后因收入增速放缓而出现一波技术性回调，2018 年 10 月股价为每股 30 元左右。公司当年进行了改革，引进华润战投，同时股权激励政策落地，改革红利释放。2019 年以来又大力推进高端化和全国化，产品不断升级，业绩强劲增长，并持续超预期，公司股价也从 2018 年 10 月的 30 元一路上行，2021 年 8 月 27 日，公司股价报收 281.00 元／股，市盈率为 68.65 倍，总市值为 3428.52 亿元，详见图 2-3。

图 2-3　山西汾酒股票价格（K 线）走势

未来看点：一是构建 "2+2" 品牌结构，即实施汾酒与竹叶青 "双轮驱动"，系统建设杏花村酒与系列酒 "两大尖兵"。二是以竹叶青为核心的大健康产业平台。三是 "抓两头强腰部" 产品战略，即以青花汾酒 30·复兴版拉动 1000 元高端品牌，以玻汾巩固 100 元以下大众品牌，强化腰部老白汾和巴拿马产品竞争力。四是 31 个省份 +10 个直属管理区的全国市场营销布局。据此，公司持续发展可期。

风险提示：宏观经济受国际环境不可测因素影响的风险，疫情持续时间拉长的风险，省外渠道拓展不顺的风险等。

4. 五粮液（000858.SZ）

宜宾五粮液股份有限公司（Wuliangye Yibin Co., Ltd.）位于四川省宜宾市，办公地址和注册地址同为四川省宜宾市翠屏区岷江西路 150 号，于 1998 年 3 月 27 日在深圳证券交易所上市，总股本 38.82 亿股，董事长曾从钦。所属行业：食品饮料—饮料制造—白酒。主营业务：白酒生产和销售。经营范围：酒类产品及相关辅助产品（瓶盖、商标、标识及包装制品）的生产经营；兼营：饮料、药品、水果种植、农业种植、进出口业务、物业管理等。该公司是一家以酒业为核心主业，大机械、大包装、大物流、大金融、大健康五大产业多元发展的特大型国有企业集团，有"中国酒王"之称。公司占地 12 平方千米，在册职工 4.6 万人，拥有从明初连续使用至今、从未停止过发酵的老窖池群以及一大批现代化、规模化的酿酒车间。

从公司近年来的发展来看，2014 年以前因业绩下滑股价仅在每股 20 元以下波动。2015 年公司推行股权激励，进行员工持股计划改革，引进优秀经销商入股，同时进行品牌与营销重塑。2016 年 3 月，52 度新品五粮液出厂价从 659 元 / 瓶恢复性调整到 679 元 / 瓶，当年盈利实现正增长（6%）。随着白酒行业回暖，产品价格持续回升。2016 年公司进行了定增混改，公司业务和市场得到了加速发展。当年实现营业收入 245.44 亿元，同比增长 13.32%，净利润同比增长 9.85%。2017 年以来，公司在渠道方面进行了拓展，由品牌效应拉动了预收款入账，一批价稳步上涨，进一步强化了公司业绩，收入与净利润持续大幅上升。2018 年以来，公司又对品牌、产品、渠道战略进行了全方位改革，加速渠道下沉，打造"百城千县万店"工程，2019 年实现营业收入 501.18 亿元，同比增长 25.2%，归母净利润 174.02 亿元，同比增长 30.02%。2020 年继续释放改革红利，业绩持续增长。

2020 年公司实现营业收入 573.21 亿元，同比增长 14.37%；实现归母净利润 199.55 亿元，同比增长 14.67%；每股收益 5.14 元，同比增长 14.68%。2021 年中报显示，6 月末公司实现营业收入 367.50 亿元，同比增长 19.45%；实现归母净利润 132.00 亿元，同比增长 21.60%；每股收益 3.40 元，同比增长 21.59%。各项指标增长良好，截至 2021 年 8 月 27 日的 60 天内有 25 个研究报告对其进行了评级，以买入为主。受公司业绩持续向好影响，2020 年以来公司股票被内外资合力抱团持有，2020 年第四季度，公司股票成了中国公募基金增持第二多的股票。《券商中国》披露，全球第四大中国股票基金——摩根中国 A 股机会基金于 2021 年 4 月加仓了五粮液，其持有的五粮液股份数量较 3 月增加了 10.37%，持股市值约 18.97 亿港元，约合人民币 15.64 亿元。公司股价近年来持续上升，从 2015 年的每股 20 元左右上涨，2021 年 8 月 27 日，公司股价报收 205.68 元 / 股，市盈率为 30.54 倍，总市值为 7983.69 亿元，详见图 2-4。

图 2-4　五粮液股票价格（K 线）走势

未来看点：在公司"十四五"规划中，营业收入要过千亿元，"十四五"末，经典五粮液预计年投放量突破 1 万吨。经典五粮液在经过半年"试销"的市场检验后，建立"1+N+2"商业模式，聚集高端圈层全面展开，产品得到市场认可。公司产品体系清晰，品牌建设强化，传统、团购、创新三大渠道持续优化。公司长期稳定发展可期。

风险提示：白酒与宏观环境息息相关，宏观环境和经济的变化会带来白酒需求波动的风险，市场竞争加剧会带来销量不及预期的风险，公司系列酒增长遇阻风险，团购增长不及预期风险等。

5. 舍得酒业（600702.SH）

舍得酒业股份有限公司（Shede Spirits Co., Ltd.）位于四川省射洪市，注册地址和办公地址同为四川省射洪市沱牌镇沱牌大道 999 号。公司于 1996 年 5 月 24 日在上海证券交易所上市，总股本 3.36 亿股，董事长张树平。所属行业：食品饮料—饮料制造—白酒。主营业务：白酒产品的设计、生产与销售。经营范围：粮食收购；白酒、其他酒（配制酒）及纯净水生产、销售；货物运输；进出口业务；商品批发与零售；专业技术服务等。控股股东：四川沱牌舍得集团有限公司（持有 29.95%）。实际控制人：郭广昌。公司是全国首批 100 户现代企业制度试点企业，现占地 6 平方千米，年产能为 30 万吨，是高端陈年老酒储量全国领先的优质白酒制造企业。

公司上市以来经营还算稳定。但 2020 年 9 月，因间接控股股东占用上市公司资金未按时归还和公司财务负责人涉嫌背信损害上市公司利益，公司被上海证券交易所对公司股票实施其他风险警示，即 ST。这是管理层财务管理混乱所致，股价短期发生剧烈波动。好在经营未受损害，公司日常经营一切正常。2020 年 12 月 31 日，豫园股份通过公开拍卖竞标，以 45.3 亿元的价格成功竞得原实际控制人持有的四川沱牌舍得集团有限公司 70% 的股权。豫园股份成为舍得酒业股份有限公司实际控制人。实施舍得 + 沱牌双品牌战略，定位次高端和大众名酒。2020 年 6 月，舍得推出酱香系列产品舍得国袖秘酱；2021 年 5 月，酱香舍得新品上市。由于公司治理已完善，此前的风险警示因素已消除，公司股票 2021 年 5 月 18 日停牌 1 天，5 月 19 日起复盘并撤销其他风险警示，股票简称由"ST 舍得"变更为"舍得酒业"。

从财务指标看，年报显示，2020 年公司实现营业收入 27.04 亿元，同比增长 2.04%；实现归母净利润 5.81 亿元，同比增长 14.40%；每股收益 1.75 元，同比增长 15.13%。2021 年中报显示，6 月末公司实现营业收入 23.91 亿元，同比大幅增长 133.09%；实现归母净利润 7.36 亿元，同比大幅增长 347.94%；每股收益 2.21 元，同比大幅增长 348.83%。各项指标稳步增长，截至 2021 年 8 月 27 日的 60 天内有 16 个研究报告对其进行了评级，以买入为主。受业绩向好因素牵引，股价从 2020 年 10 月的每股 30 元一路上升，2021 年 8 月 27 日，公司股价报收 193.15 元 / 股，市盈率为 56.31 倍，总市值为 648.98 亿元，详见图 2-5。

图 2-5　舍得酒业股票价格（K 线）走势

未来看点：舍得 + 沱牌双品牌战略、渠道的拓宽、酱香新品的上市，使得公司业绩持续向好可期。

风险提示：食品安全风险，税率政策风险，次高端白酒竞争加剧风险等。

6. 泸州老窖（000568.SZ）

泸州老窖股份有限公司（Luzhou Laojiao Co., Ltd.）位于四川省泸州市，注册地址：四川省泸州市国窖广场。办公地址：四川省泸州市南光路泸州老窖营销网络指挥中心。公司于 1994 年 5 月 9 日在深圳证券交易所上市，总股本 14.65 亿股，董事长刘淼。所属行业：食品饮料—饮料制造—白酒。主营业务："国窖 1573""泸州老窖"等系列白酒的研发、生产和销售。经营范围：泸州老窖系列酒的生产、销售；进出口经营业务；技术推广服务；发酵制品生产及销售；等等。

从财务指标看，年报显示，2020 年公司实现营业收入 166.53 亿元，同比增长 5.28%；实现归母净利润 60.06 亿元，同比增长 29.38%；每股收益 4.10 元，同比增长 29.34%。2021 年中报显示，6 月末公司实现营业收入 93.17 亿元，同比增长 22.04%；实现归母净利润 42.26 亿元，同比增长 31.23%；每股收益 2.89 元，同比增长 31.36。从收入结构上看，酒类收入占比为 98%，主营业务突出。各项指标稳步增长，截至 2021 年 8 月 27 日的 60 天内有 16 个研究报告对其进行了评级，以买入为主。

2017 年公司提出"东进南图中崛起"市场战略，取得很好成效，市场快速拓展，公司业绩得到持续提升，股价从每股 30 元左右一直升至 2019 年的每股 90 元左右。2020 年上半年，受新冠肺炎疫情影响，股价一度回调到每股 70 元左右。但在下半年复工复产、人心稳定，管理层出台一系列利好政策后，公司股价快速上升。2021 年 1 月 4 日，泸州老窖发布通知称，自 2021 年 1 月 4 日起，52 度国窖 1573 经典装团购价建议 1050 元/瓶，零售价建议 1399 元/瓶；38 度国窖 1573 经典装团购价建议 750 元/瓶，零售价建议 999 元/瓶。股价一度向上冲破每股 300 元。2021 年春节后，因市场转淡，股价出现一波深度回调。2021 年 8 月 27 日，公司股价报收 169.38 元/股，市盈率为 38.37 倍，总市值为 2481.00 亿元，详见图 2-6。

未来看点：得益于国窖 1573 品种销售持续高增长和特曲的加速发展，公司净利润近年来一直保持快速增长势头，从长远发展来看，公司具有可持续发展潜能，值得长期投资。

风险提示：渠道建设不及预期风险；行业监管趋严风险；高端酒竞争加大、市场份额受挤压的风险等。

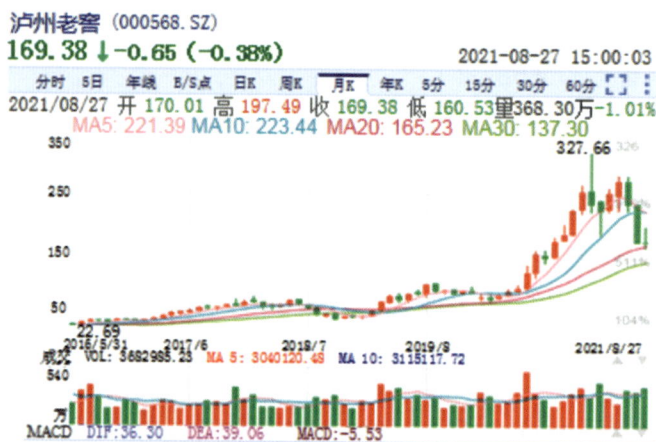

图 2-6 泸州老窖股票价格（K线）走势

7. 水井坊（600779.SH）

四川水井坊股份有限公司（Sichuan Swellfun Co., Ltd.）注册地址和办公地址同为四川省成都市金牛区全兴路9号。公司于1996年12月6日在上海证券交易所上市，总股本4.88亿股，董事长范祥福。控股股东：四川成都水井坊集团有限公司。所属行业：食品饮料—饮料制造—白酒，主营业务：生产销售酒类产品。经营范围：生产销售酒；进口本企业生产、科研所需原材料、机械设备、仪器、仪表及零配件等。公司从事高档优质白酒"天号陈"品牌的塑造及市场营销工作，是"水井坊"及"天号陈"品牌的专营机构。"天号陈"酒由四川水井坊股份有限公司荣誉出品，公司是中国大型高品质白酒生产企业之一，企业规模及效益居行业前列。公司第一大股东是中外合资的四川成都全兴集团有限公司，其外方股东是世界500强企业之一，全球最大的高档酒业集团帝亚吉欧（DIAGEO）。

从财务指标看，年报显示，2020年公司实现营业收入30.06亿元，受疫情影响，同比增长-15.06%；实现归母净利润7.31亿元，同比增长-11.49%；每股收益1.50元，同比增长11.52%。但2021年公司销售大幅赶超，业绩亮丽。中报显示，公司实现营业收入18.37亿元，同比增长128.44%；实现归母净利润3.77亿元，同比增长266.01%；每股收益0.77元，同比增长266.16%。各项指标稳步增长，截至2021年8月27日的60天内有23个研究报告对其进行了评级，以买入为主。

2017年以来，公司业绩持续提升，2017—2019年分别实现净利润3.36亿元、5.79亿元和8.26亿元，股价从2017年初的每股15元左右一路上行，最高

点为 160.57 元 / 股，之后有所回落。2021 年 8 月 27 日，公司股价报收 117.18
元 / 股，市盈率为 56.91 倍，总市值为 572.27 亿元，详见图 2-7。

图 2-7　水井坊股票价格（K 线）走势

未来看点：高端化发展 + 切入酱香赛道，盈利表现可期。

风险提示：新冠肺炎疫情随时爆发影响公司产品动销的风险；高端酒动销
情况不及预期的风险；市场突然动荡的风险。

8. 古井贡酒（000596.SZ）

安徽古井贡酒股份有限公司（Anhui Gujing Distillery Company Limited）注册
地址和办公地址同为安徽省亳州市古井镇。公司于 1996 年 9 月 27 日在深圳证
券交易所上市，总股本 5.04 亿股，董事长梁金辉。控股股东：安徽古井集团有
限责任公司（持有股份 53.89%）。所属行业：食品饮料—饮料制造—白酒，主
营业务：白酒的生产和销售。经营范围：生产销售白酒；粮食收购；生产酿酒
设备、包装材料、玻璃瓶、酒精、油脂，高新技术开发、生物技术开发、农副
产品深加工等。安徽古井集团有限责任公司是中国老八大名酒企业，中国制造
业 500 强企业，是以中国第一家同时发行 A、B 两只股票的白酒类上市公司安徽
古井贡酒股份有限公司为核心的国家大型一档企业，坐落在世界十大烈酒产区
之一的安徽省亳州市。公司起源于明代正德十年（公元 1515 年）的公兴槽坊，
1959 年转制为国营亳县古井酒厂。1992 年集团公司成立，1996 年古井贡酒股票
上市。

从财务指标看，年报显示，2020 年公司实现营业收入 102.92 亿元，受疫情
影响，同比增长 -1.2%；实现归母净利润 18.55 亿元，同比增长 -11.58%；每股
收益 3.68 元，同比增长 -11.75%。2021 年上半年公司快速超赶，中报显示，6

月末公司实现营业收入 70.07 亿元，同比增长 26.96%；实现归母净利润 13.79 亿元，同比增长 34.53%；每股收益 2.74 元，同比增长 34.31%。各项指标稳步增长，截至 2021 年 8 月 27 日的 60 天内有 14 个研究报告对其进行了评级，以买入为主。

自 2017 年以来，公司业绩快速增长，2017—2019 年，公司分别实现净利润 11.49 亿元、16.95 亿元和 20.98 亿元。公司股价也随之持续上升，由 2017 年初的每股 40 元左右，一路上行，最高到过 295 元 / 股。2021 年 8 月 27 日，公司股价报收 198.32 元 / 股，市盈率为 51.58 倍，总市值为 906.29 亿元，详见图 2-8。

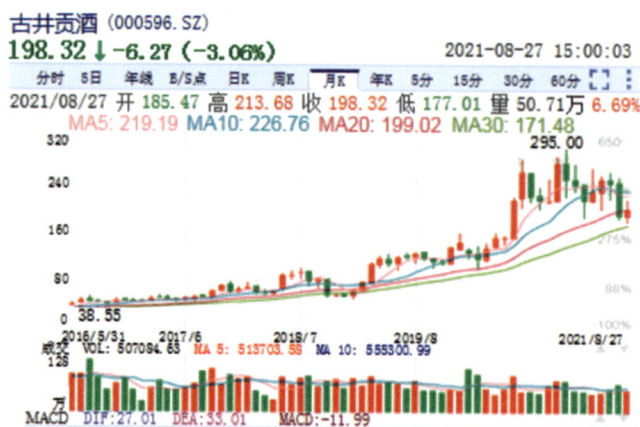

图 2-8　古井贡酒股票价格（K 线）走势

未来看点："次高端 + 全国化"，管理层营销战略明确，推出原浆年份系列，重塑白酒品牌形象，盈利表现可期。

风险提示：宏观经济不确定性风险；省内省外增长不及预期的风险；市场突然动荡的风险。

9. 口子窖（603589.SH）

安徽口子酒业股份有限公司（Anhui Kouzi Distillery Co.,Ltd.）注册地址和办公地址同为安徽省淮北市相山南路 9 号。公司于 2015 年 6 月 29 日在上海证券交易所上市，总股本 6 亿股，董事长徐进。控股股东：徐进（持有股份 18.26%）。白酒概念，所属行业：食品饮料—饮料制造—白酒，主营业务：白酒的生产和销售。经营范围：生产、制造和销售白酒及玻璃制品。2002 年 2 月，安徽口子集团公司以其经营性净资产联合其他 17 位发起人发起设立安徽口子酒业股份有限公司；2008 年 5 月 16 日，安徽口子酒业股份有限公司变更为安徽口子酒业有限责任公司；2011 年 3 月 29 日，安徽口子酒业有限责任公司整体变更设立安徽口子酒业股份有限公司。

从财务指标看，年报显示，2020 年公司实现营业收入 40.11 亿元，受疫情影响同比增长 -14.15%；实现归母净利润 12.76 亿元，同比增长 -25.84%；每股收益 2.13 元，同比增长 -25.78%。2021 年，公司业绩快速超赶，三季报显示，9 月末公司实现营业收入 36.29 亿元，同比增长 35.05%；实现归母净利润 11.50 亿元，同比增长 33.20%；每股收益 1.92 元，同比增长 33.33%。各项指标稳步增长，截至 2021 年 12 月 28 日的 60 天内有 16 个研究报告对其进行了评级，以买入为主。

自 2015 年上市以来，公司业绩快速增长，归母净利润从 2015 年的 6.05 亿元逐年稳步增长，2019 年实现归母净利润 17.20 亿元。7 年来公司股价也随之持续上升，由上市日的每股 23.04 元一路上行，最高到过 86.49 元 / 股。2021 年 12 月 28 日，公司股价报收 79.62 元 / 股，市盈率为 30.58 倍，总市值为 477.72 亿元，详见图 2-9。

图 2-9 口子窖股票价格（K 线）走势

未来看点：一是产能核心问题得到解决，东山厂区投产，预计未来将形成 6.5 万吨以上产能。二是战略大单品"口子窖兼香 518"表现强劲，着力培养高端品牌酒。三是渠道调整与布局到位，公司发力高端酒团购渠道，并向长三角、京津冀、粤港澳大湾区拓展市场。

风险提示：疫情反复抑制行业需求的风险；宏观经济波动导致消费升级受阻的风险；省外扩张不及预期的风险；市场突发因素的风险。

10. 迎驾贡酒（603198.SH）

安徽迎驾贡酒股份有限公司（Anhui Yingjia Distillery Co.,Ltd.）于 2003 年 11

月 28 日成立。注册地址和办公地址同为安徽省六安市霍山县佛子岭镇。公司于2015 年 5 月 28 日在上海证券交易所上市，总股本 8 亿股，董事长倪永培。控股股东：安徽迎驾集团股份有限公司（持有股份 74.66%）。白酒概念，所属行业：食品饮料—饮料制造—白酒，主营业务：白酒的生产和销售。经营范围：白酒及其他酒研发、生产与销售；粮食等原辅料收购；饲料加工、销售；包装装潢、装订及其他印刷服务；纸制品制造与销售；瓶罐、瓶盖、特种容器制造与销售等。公司前身为安徽迎驾贡酒有限公司，2011 年 9 月 30 日，安徽迎驾贡酒有限公司整体变更设立安徽迎驾贡酒股份有限公司。

从财务指标看年报显示，2020 年公司实现营业收入 34.52 亿元，受疫情影响同比增长 –8.60%；实现归母净利润 9.53 亿元，同比增长 2.47%；每股收益1.19 元，同比增长 2.59%。2021 年公司业绩快速超赶，三季报显示，9 月末公司实现营业收入 31.80 亿元，同比增长 42.62%；实现归母净利润 9.62 亿元，同比增长 80.84%；每股收益 1.20 元，同比增长 81.82%。各项指标稳步增长，截至2021 年 12 月 28 日的 60 天内有 9 个研究报告对其进行了评级，以买入为主。

自 2015 年上市以来，尤其近 5 年来公司业绩稳步发展。2017 年至 2021年第三季度末公司实现的归母净利润分别为 6.66 亿元、7.78 亿元、9.30 亿元、9.53 亿元和 9.62 亿元。在业绩支撑下，公司股价也随之持续上升，由上市日的每股 15.76 元一路上行，最高到过 77.92 元 / 股。2021 年 12 月 28 日，公司股价报收 74.39 元 / 股，市盈率为 43.02 倍，总市值为 595.12 亿元，详见图 2-10。

图 2-10　迎驾贡酒股票价格（K 线）走势

未来看点：一是洞藏产品市场值得期待，公司聚集生态洞藏系列，未来将重点打造洞藏产品市场，稳步提升洞藏系列产品价格。二是渠道建设上，公司将有针对性地匹配烟酒行、宴席、酒店等，强化团购渠道。

风险提示：宏观经济下行的风险；疫情拖累消费的风险；洞藏系列增长不及预期的风险；重点区域扩张不及预期的风险。

11. 洋河股份（002304.SZ）

江苏洋河酒厂股份有限公司（Jiangsu Yanghe Brewery Joint-Stock Co., Ltd.）注册地址和办公地址同为江苏省宿迁市洋河中大街 118 号。公司于 2009 年 11 月 6 日在深圳证券交易所上市，总股本 15.07 亿股，董事长张联东。控股股东：江苏洋河集团有限公司（持有股份 34.16%）。所属行业：食品饮料—饮料制造—白酒，主营业务：从事洋河蓝色经典、洋河大曲、敦煌古酿等系列品牌浓香型白酒的生产、加工和销售。经营范围：白酒的生产、销售；预包装食品的批发与零售，粮食收购；自营和代理各类商品和技术的进出口，国内贸易等。公司是于 2002 年 12 月 26 日经江苏省人民政府《省政府关于同意设立江苏洋河酒厂股份有限公司的批复》（苏政复〔2002〕155 号）批准设立的股份有限公司。

从财务指标看，年报显示，2020 年公司实现营业收入 211.01 亿元，受疫情影响，同比增长 -8.7%；实现归母净利润 74.82 亿元，同比增长 1.35%；每股收益 4.98 元，同比增长 1.84%。2021 年中报显示，6 月末公司实现营业收入 155.40 亿元，同比增长 15.75%；实现归母净利润 56.61 亿元，同比增长 4.82%；每股收益 3.78 元，同比增长 5.29%。截至 2021 年 8 月 27 日的 60 天内有 31 个研究报告对其进行了评级，以买入为主。公司股价随着公司业绩的向好而从 2017 年初的每股 50 多元一路上行至每股 193.80 元，其中最高点为 265.50 元 / 股。2021 年 8 月 27 日，公司股价报收 169.10 元 / 股，市盈率为 34.71 倍，总市值为 2548.32 亿元，详见图 2-11。

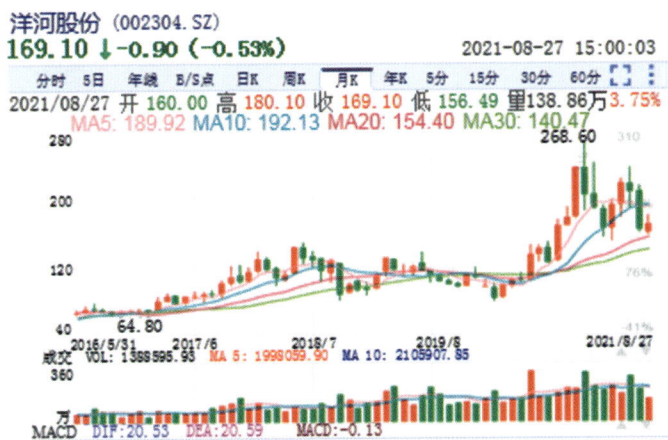

图 2-11　洋河股份股票价格（K 线）走势

未来看点：库存回落，终端价提升，梦之蓝 M6+ 动销持续向好，未来盈利表现可期。

风险提示：疫情反复影响白酒销售的风险；销售不及预期的风险；市场突然动荡的风险。

12. 老白干酒（600559.SH）

河北衡水老白干酒业股份有限公司（Hebei Hengshui Laobaigan Liquor Co., Ltd.），注册地址：河北省衡水市人民东路 809 号，办公地址：河北省衡水市路北开发区振华新路酒都大厦。公司于 2002 年 10 月 29 日在上海证券交易所上市，总股本 8.97 亿股，董事长刘彦龙。所属行业：食品饮料—饮料制造—白酒，主营业务：从事白酒的生产与销售。经营范围：白酒的生产、销售；配制酒的生产、销售；猪的饲养、销售；饲料生产、销售；普通货物道路运输；品牌管理服务、品牌策划服务、品牌设计服务、市场营销策划服务；投资管理、资产管理；经济贸易咨询，企业管理咨询；技术进出口、货物进出口、代理进出口等。公司实际控制人是河北省衡水市财政局。

从财务指标看，年报显示，2017 年、2018 年、2019 年公司分别实现营业收入 25.36 亿元、35.83 亿元和 40.30 亿元，总收入持续增长。2020 年，受新冠肺炎疫情影响，总收入出现了下滑，为 35.98 亿元，负增长 10.72%。2020 年实现归母净利润 3.13 亿元，相较于上年同期的 4.04 亿元有所下滑，为负增长（−22.52%）。2021 年上半年，公司业绩有了较快提升，各项指标均实现了正增长，中报显示，6 月末公司实现营业收入 16.52 亿元，同比增长 10.61%；实现归母净利润 1.25 亿元，同比增长 6.10%。每股收益 0.14 元，同比增长 7.69%。相应地，受新冠肺炎疫情影响，公司股价从 2020 年 1 月的每股 11 元多下跌到 3 月的每股 8 元多，第二季度随着国家利多政策的出台，公司股价快速上升到 12 月末的每股 31 元多。受河北 2021 年春节前后 1 个多月的疫情影响，公司业绩在第一季度出现了负增长，股价从每股 30 元以上回调。但第二季度公司业绩实现了正增长。截至 2021 年 8 月 27 日的 60 天内有 2 个研究报告对其进行了评级，以增持为主。

2021 年 8 月 27 日，公司股价报收 21.22 元 / 股，市盈率为 62.84 倍，总市值为 190 亿元，详见图 2-12。

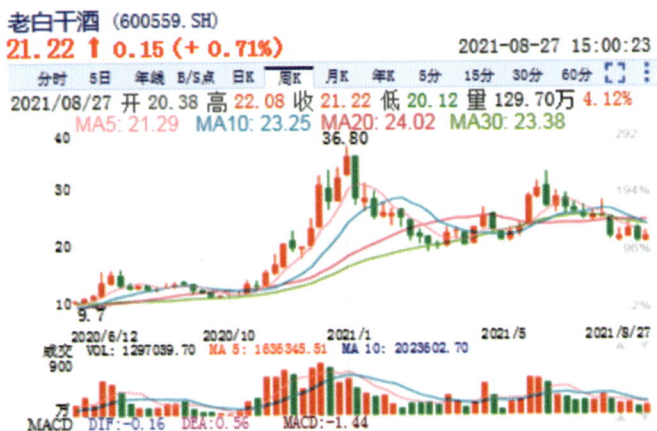

图 2-12 老白干酒股票价格（K线）走势

未来看点：公司生产经营活动一切正常。加上 2021 年力推高端品牌"1915"产品（该款高端产品第一季度的营业收入占比达 49.22%），预计下半年公司业绩会出现正增长。

风险提示：公司在全国白酒市场布局不全的风险，成本管控风险，新冠肺炎疫情反复的风险等。

（二）新能源及新能源汽车类品种

13. 比亚迪（002594.SZ）

比亚迪股份有限公司（BYD Company Limited）于 2011 年 6 月 30 日在深圳证券交易所上市，总股本 28.61 亿股，董事长何龙。所属行业：制造业一汽车与汽车零部件，主营业务：二次充电电池业务、手机部件及组装业务，以及包含传统燃油汽车及新能源汽车在内的汽车业务。经营范围：比亚迪品牌乘用车、电动车，以及相应零部件的研制、生产、销售、服务；新能源车及零部件的研发、生产、销售；锂离子电池以及其他电池、充电器、电子产品、仪器仪表、手机零配件的研发、生产、销售等。注册地址：广东省深圳市大鹏新区葵涌街道延安路一号，办公地址：深圳市坪山区比亚迪路 3009 号。比亚迪创立于 1995 年，分别在香港联合交易所及深圳证券交易所上市，主要从事以二次充电电池业务，手机、电脑零部件及组装业务为主的 IT 产业，以及包含传统燃油汽车及新能源汽车在内的汽车产业，并利用自身技术优势积极发展包括太阳能电站、储能电站、LED 及电动叉车在内的其他新能源产品。比亚迪现有员工约 22 万人，总占地面积近 1800 万平方米，在全球建立了 30 个生产基地。

从财务指标看，年报显示，2020 年公司实现营业收入 1566 亿元，同比增长 22.63%；实现归母净利润 42.34 亿元，同比增长 162.33%；每股收益 1.47 元，同比增长 194%。2021 年中报显示，6 月末公司实现营业收入 908.90 亿元，同比增长 50.22%；实现归母净利润 11.74 亿元，同比增长 –29.41%；每股收益 0.41元，同比增长 –26.79%。截至 2021 年 8 月 27 日的 60 天内有 24 个研究报告对其进行了评级，以买入为主。

公司股票上市后市场表现平稳，在较长一段时间股价在每股 50 元上下波动。根据工业和信息化部公示的 2019 年度新能源汽车推广应用补贴资金清算审核情况，共有 57 家新能源汽车企业申请补贴，申报车辆 41.75 万辆，核定补贴资金 140.29 亿元。其中，比亚迪获补贴资金 43.58 亿元。2021 年第一季度比亚迪的销量为 5.33 万辆，占比为 10.89%，在中端确立了明显的市场地位，市场占比排全国第三位。根据乘联会公布的数据，2021 年 6 月新能源乘用车零售销量达 22.3 万辆，同比增长 169.9%。其中，排在第一位的是比亚迪，销量为 4.03万辆。比亚迪有 5 款车型上榜，是榜单中单一品牌出现次数最多的，DM-i 混动系统立下了汗马功劳。7 月，比亚迪新能源乘用车销量为 5.01 万辆，环比增长 24.16%。2021 年 1—7 月共销售 25.03 万辆，同比大幅增长 181%。目前比亚迪正积极扩充产能，继总投资 60 亿元在蚌埠生产基地启动建设锂电池生产后，又将在太原投产 20 亿元，建设年产 50 万套新能源汽车 EHS 动力总成的电动总成装配线、电机生产与装配线、铝合金压铸与机加工生产线等。比亚迪还携手华为推出自动驾驶软件。公司营业收入和利润大幅上升。同时，公司股价也从 2019 年的每股 50 元左右持续上升，2021 年 8 月 27 日，公司股价报收 288.15 元 /股，市盈率为 189.14 倍，总市值为 7508.41 亿元，详见图 2-13。

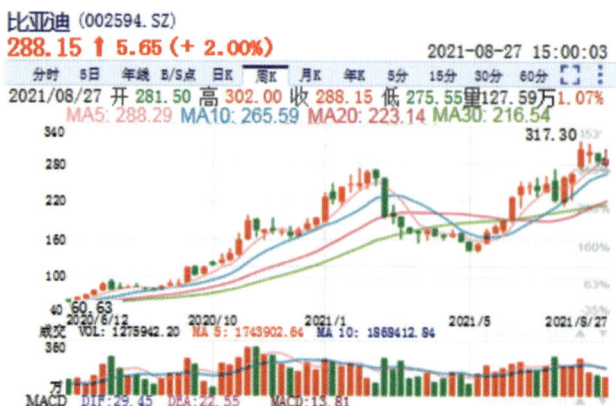

图 2-13　比亚迪股票价格（K 线）走势

未来看点：公司在建的锂电池产能高达 65GWh，在国内居于首位。预计到 2022 年，比亚迪的锂电池总产能可高达近 100GWh。总体来看，公司长期发展前景看好。

风险提示：比亚迪的锂电池装机量增长并不快。虽然比亚迪目前已经开放了其锂电池供应体系，并将旗下的锂电池资产剥离至弗迪动力电池公司，意在将弗迪动力电池公司打造成独立的电池供应商，但要真正进入主流车厂的供应链，还需要一段时间。

14. 宁德时代（300750.SZ）

宁德时代新能源科技股份有限公司（Contemporary Amperex Technology Co., Limited）于 2018 年 6 月 11 日在创业板上市，总股本 23.29 亿股，董事长曾毓群。所属行业：制造业，主营业务：新能源汽车动力电池系统、储能系统的研发、生产和销售，以及锂电池回收利用。经营范围：锂离子电池、锂聚合物电池、燃料电池、动力电池、越大容量储能电池、超级电容器、电池管理系统及可充电电池包、风光电储能系统、相关设备仪器的开发、生产和销售及售后服务；对新能源行业的投资；锂电池及相关产品的技术服务、测试服务以及咨询服务。注册地址和办公地址同为福建省宁德市蕉城区漳湾镇新港路 2 号。公司成立于 2011 年。公司具有动力电池和储能系统领域完整的研发、制造能力，拥有材料、电芯、模组、电池管理系统、电池包及电池回收的全产业链核心技术。公司致力于通过先进的电池技术，为全球绿色能源应用、高效能源存储提供解决方案。

从财务指标看，年报显示，2020 年公司实现营业收入 503.2 亿元，同比增长 9.89%；实现归母净利润 55.83 亿元，同比增长 22.43%；每股收益 2.49 元，同比增长 19.14%。2021 年中报显示，6 月末公司实现营业收入 440.70 亿元，同比大幅增长 134.07%；实现归母净利润 44.84 亿元，同比大幅增长 131.45%；每股收益 1.94 元，同比大幅增长 119.81%。各项指标快速增长，截至 2021 年 8 月 27 日的 60 天内有 26 个研究报告对其进行了评级，以买入为主。

公司股票上市后市场表现良好。近年来得益于国家对新能源汽车的扶持和补贴，尤其自 2019 年以来利好政策不断，新能源汽车销量逐年快速上升。相应也给宁德时代带来了巨大的产品供应市场。公司加快产能扩张速度，电池出货量大幅增长，市场份额遥遥领先，市场龙头地位逐步夯实。产销两旺，预收款也大幅增加。2020 年公司牵手特斯拉，与特斯拉签订协议，为其供应动力电池产品。这大大提升了公司的盈利空间，净利润快速增长。股价相应地从 2019 年初的每股 70 多元持续上升，2021 年 8 月 27 日，公司股价报收 507.50 元 / 股，市盈率为 126.92 倍，总市值为 11819.71 亿元，详见图 2-14。

图 2-14　宁德时代股票价格（K线）走势

　　未来看点：日前，宁德时代与 Tesla.Inc，以及特斯拉（上海）有限公司签订协议，由宁德时代在 2022 年 1 月至 2025 年 12 月期间向特斯拉供应锂离子动力电池产品，特斯拉有可能成为宁德时代最大的客户。2021 年 8 月 12 日晚，宁德时代发布公告，拟向特定对象发行股票，募集资金总额不超过 582 亿元，募集资金主要用于宁德时代现有、在建和拟扩大锂电池生产项目，新增项目锂电池产能将高达 137GWh。如果这些新增项目全部落地，宁德时代锂电池总产能将高达 300GWh。这对巩固公司市场地位和市场占有率，以及保持公司业绩的持续稳定增长是重大利好。

　　风险提示：上游原材料价格波动风险，终端需求不及预期的风险，在国际市场受挤压的风险等。

15. 长城汽车（601633.SH）

　　长城汽车股份有限公司（Great Wall Motor Company Limited）于 2011 年 9 月 28 日在上海证券交易所上市，总股本 91.99 亿股，董事长魏建军。所属行业：汽车与汽车零部件，主营业务：生产和销售汽车及汽车零部件。经营范围：汽车整车及汽车零部件，配套的生产制造、开发、设计、研发和技术服务，委托加工、销售及相关的售后服务、咨询服务；信息技术服务；电子设备及机械设备的制造；模具加工制造；钢铁铸件的设计、制造、销售及相关售后服务；汽车修理；汽车信息咨询服务；动力电池包的设计、生产、销售；应用软件服务及销售等。注册地址和办公地址同为河北省保定市朝阳南大街 2266 号。公司是中国最大的 SUV 制造企业，于 2003 年、2011 年分别在香港 H 股和国内 A 股上市，截至 2016 年底，总资产达 923.09 亿元。目前，旗下拥有哈弗、长城、

WEY 三个品牌，产品涵盖 SUV、轿车、皮卡三大品类，拥有 4 个整车生产基地，具备发动机、变速器等核心零部件的自主配套能力，下属控股子公司 40 余家，员工 7 万余人。

从财务指标看，年报显示，2020 年公司实现营业收入 1033 亿元，同比增长 7.38%；实现归母净利润 53.62 亿元，同比增长 19.23%；每股收益 0.59 元，同比增长 20.41%。2021 年上半年，公司发展保持了强劲的势头，6 月末实现营业收入 619.30 亿元，同比增长 72.36%；实现归母净利润 35.29 亿元，同比大幅增长 207.87%；每股收益 0.39 元，同比大幅增长 225.00%。截至 2021 年 12 月 28 日的 60 天内有 28 个研究报告对其进行了评级，以买入为主。

公司股价长期在每股 10 元左右波动。2020 年第一季度，受疫情影响，汽车销量和营业收入都出现了下滑。4 月，随着形势的好转，汽车销量上升，公司同时推出全新平台车型 B01（全新 H6）、B06。SUV+ 皮卡组合发力，产销恢复至上年同期水平，公司业绩大幅增长。加上公司适时加入电动智能汽车行业，受到市场极大关注，几大品牌销售共同放量。2021 年以来，公司向着新能源汽车加速转型，上半年产销两旺，公司业绩持续改善。与此同时，受业绩上升牵引，股价从 2020 年 7 月的每股 8 元多持续上升，2021 年 12 月 28 日，公司股价报收 49.00 元 / 股，市盈率为 58.62 倍，总市值为 3675.67 亿元，详见图 2-15。

图 2-15　长城汽车股票价格（K 线）走势

未来看点：公司由传统的汽车生产、销售向智能化电动汽车转型，值得期待；公司产品全球化布局；自动驾驶自主研发投入，以及以用户为中心转型发展。

风险提示：芯片短缺风险；由传统汽车向智能化电动汽车转型过程中速度不及预期而引起股价波动的风险；原材料价格上涨风险。

16. 隆基股份（601012.SH）

隆基绿能科技股份有限公司（Longi Green Energy Technology Co., Ltd.）于2012年4月11日在上海证券交易所上市，光伏概念，总股本54.13亿股，董事长钟宝申。所属行业：半导体产品与设备，主营业务：单晶硅棒、硅片、电池和组件的研发、生产和销售，以及光伏电站的开发业务。经营范围：半导体材料、太阳能电池、电子元器件、半导体设备的开发、制造、销售；商品进出口业务；光伏电站工程设计施工、光伏电站系统运行维护；LED照明灯具、节能产品的销售、维修及技术服务；合同能源管理。注册地址：西安市长安区航天中路388号，办公地址：西安经济技术开发区尚苑路8369号。公司成立于2000年，是中国重要的单晶硅产品制造商。公司专注于硅材料及其相关产品的研发、制造，为光伏和半导体产业提供高质量的单晶硅产品。公司的实力源于半导体产业领域积累的经验、规模化生产、持续成本控制以及对技术和品质的不懈追求。

从财务指标看，年报显示，2017年以来公司营业收入持续快速增长，2020年实现营业总收入545.80亿元，同比增长65.89%，相比2017年增长233.62%；2020年实现归母净利润85.52亿元，同比增长61.97%，相比2017年增长139.89%；每股收益2.27元，同比增长54.42%。2021年中报显示，6月末公司实现营业收入351.00亿元，同比增长74.26%；实现归母净利润49.93亿元，同比增长21.30%；每股收益0.93元，同比增长19.23%。各项指标稳步大幅增长，截至2021年8月27日的60天内有16个研究报告对其进行了评级，以买入为主。

受公司业绩持续向好的牵引，公司股价在2017年初每股不到10元，之后持续稳步上升至2019年底的每股20元左右。2021年8月27日，公司股价报收90.81元/股，市盈率为46.09倍，总市值为4915.50亿元，详见图2-16。

图2-16　隆基股份股票价格（K线）走势

未来看点：核心竞争力不断强化，单晶龙头强者恒强；平价上网带动光伏装机量快速增长，行业前景广阔；技术革新，推动"光伏+"发展战略，布局BIPV与光伏制氢，尤其"光伏+氢能"值得期待。

风险提示：全球新增装机量不及预期的风险；恶性价格竞争风险；国外对中国光伏产品关税政策变动风险；原材料价格暴涨风险。

17. 浙江新能（600032.SH）

浙江省新能源投资集团股份有限公司（Zhejiang Provincial New Energy Investment Group Co.,Ltd.）于 2021 年 5 月 25 日在上海证券交易所上市，新能源概念，总股本 20.80 亿股，董事长吴荣辉。所属行业：电力—光伏发电。主营业务：光伏发电、水力发电、风力发电等可再生能源项目的投资、开发、建设和运营管理。经营范围：实业投资，风力发电、水力发电、太阳能发电的开发、运营，工程项目管理，天然水收集和分配，可再生能源的开发、技术咨询、技术服务，设备维修，检测技术服务等。注册地址和办公地址同为浙江省杭州市江干区凯旋街道凤起东路 8 号。浙江省新能源投资集团股份有限公司是在浙江省水利水电建设投资总公司基础上组建起来的一家集光伏发电、水力发电、风力发电等可再生能源项目的投资、开发、建设和运营管理于一体的新能源公司，主要产品有水电、光伏、风电。

从财务指标看，2021 年各项指标稳步大幅增长，前三季度实现营业总收入21.63 亿元，同比增长 17.79%；实现归母净利润 4.08 亿元，同比增长 39.74%；每股收益 0.21 元，同比增长 31.25%。截至 2021 年 11 月 19 日的 60 天内有 1 个研究报告对其进行了评级，以增持为主。

受公司业绩持续向好的牵引，公司股价由上市时的 3.51 元/股持续稳步上升，2021 年 11 月 19 日，公司股价报收 16.77 元/股，市盈率为 87.26 倍，总市值为 348.82 亿元，详见图 2-17。

未来看点：新能源是国家重点扶持项目，为了实现碳达峰、碳中和的"双碳"战略目标，国家未来会陆续出台相关的利好政策。公司以光伏业务为主，从目前的业务结构来看，光伏业务占 63.50%，水电业务占 24.52%，风力业务占9.99%，其他占 1.99%。光伏+风力业务达到了 73.49% 的绝对比例，享受"双碳"政策红利值得期待。

风险提示：由于电力体制改革，上网电价和补贴下降的风险；光伏行业的国际市场政策风险、国别风险；产品价格恶性竞争风险。

图 2-17　浙江新能股票价格（K 线）走势

18. 阳光电源（300274.SZ）

阳光电源股份有限公司（Sungrow Power Supply Co., Ltd.）于 2011 年 11 月 2 日在深交所创业板上市，光伏概念，总股本 14.57 亿股，董事长曹仁贤。所属行业：电源设备，主营业务：光伏逆变器、风能变流器及其他电力电源的研发、生产、销售和服务，为可再生能源发电行业用户提供系统解决方案。经营范围：新能源发电设备、分布式电源及其配套产品的研制、生产、销售、服务、系统集成与技术转让；新能源发电工程的设计、开发、投资、建设和经营；电力电子设备、电气传动及控制设备、不间断电源、储能电源、电能质量控制装置的研制、生产和销售。注册地址和办公地址同为安徽省合肥市高新区习友路 1699 号。阳光电源股份有限公司是一家专注于太阳能、风能、储能等新能源电源设备的研发、生产、销售和服务的国家重点高新技术企业，主要产品有光伏逆变器、风能变流器、储能系统、新能源汽车驱动系统，并致力于提供全球一流的光伏电站解决方案。

从财务指标看，年报显示，2020 年公司实现营业总收入 192.9 亿元，同比增长 48.38%；实现归母净利润 19.54 亿元，同比增长 119.21%；每股收益 1.34 元，同比增长 119.67%。2021 年中报显示，6 月末公司实现营业收入 82.10 亿元，同比增长 18.27%；实现归母净利润 7.57 亿元，同比增长 69.68%；每股收益 0.52 元，同比增长 67.74%。各项指标稳步大幅增长，截至 2021 年 8 月 27 日的 60 天内有 20 个研究报告对其进行了评级，以买入为主。

受公司业绩持续向好的牵引，公司股价由 2020 年初的每股 10 元左右，持续稳步上升，2021 年 8 月 27 日，公司股价报收 149.18 元 / 股，市盈率为 136.73

倍，总市值为 2173.25 亿元，详见图 2-18。

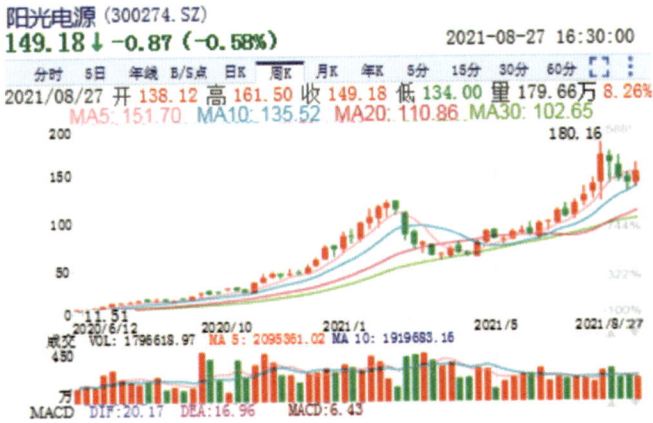

图 2-18 阳光电源股票价格（K线）走势

未来看点：产品在海外市场的占比持续提升，2020年逆变器全球市场占有率达 27%，翻倍增长，全球市场龙头地位进一步巩固；预计未来公司的逆变器仍将领跑全球市场。

风险提示：光伏行业发展不及预期的风险；国际市场政策风险、国别风险；产品价格恶性竞争风险。

19. 德赛电池（000049.SZ）

深圳市德赛电池科技股份有限公司（Shenzhen Desay Battery Technology Co., Ltd.）于 1995 年 3 月 20 日在深圳证券交易所上市，锂电池概念，总股本 3.00 亿股，董事长刘其。所属行业：电子制造，主营业务：生产销售高科技电池类产品。经营范围：无汞碱锰电池、一次锂电池、锌空气电池、镍氢电池、锂聚合物电池、燃料电池及其他各类电池、电池材料、配件和设备的研究、开发和销售；电源管理系统和新型电子元器件的开发、测试及销售；移动通信产品及配件的开发及销售；高科技项目开发、投资、咨询；高科技企业投资等。注册地址和办公地址同为广东省深圳市南山区高新科技园南区高新南一道德赛科技大厦东座 26 楼。公司为控股型企业，分别持有惠州市蓝微电子有限公司（以下简称惠州蓝微）和惠州市德赛电池有限公司（以下简称惠州电池）两家子公司 75% 的股权。公司主要围绕锂电池产业链进行业务布局，其中惠州电池主营中小型锂电池封装集成业务，惠州蓝微主营中小型移动电源管理系统业务，二级子公司惠州市蓝微新源技术有限公司主营大型动力电池、储能电池等电源管理系统及封装集成业务。公司已经成为全球中小型移动电源领域的领导厂商之一，与全球主要电芯厂开展合作，服务于全球顶级消费电子厂商。

近三年来，得益于国家对新能源开发的支持，公司产品打开了销路。从财务指标看，年报显示，2020 年公司实现营业总收入 194.00 亿元，同比增长 5.21%，相比 2018 年增长 12.46；实现归母净利润 6.70 亿元，同比增长 33.35%，相比 2018 年增长 67.08%；每股收益 3.23 元，同比增长 32.37%，相比 2018 年增长 65.64%。2021 年中报显示，6 月末公司实现营业收入 76.84 亿元，同比增长 1.46%；实现归母净利润 2.69 亿元，同比增长 54.76%；每股收益 0.89 元，同比大幅增长 54.75%。各项指标稳步增长，截至 2021 年 8 月 27 日的 60 天内有 1 个研究报告对其进行了评级，以增持为主。

公司股价 2018 年 9 月尚在每股 15 元左右，受公司业绩持续向好的支撑，之后持续稳步上升，2021 年 1 月股价最高到过 80.50 元 / 股，5 月 11 日进行了分红派息：每 10 送 4.5 股，并派发现金红利 10 元。2021 年 8 月 27 日，公司股价报收 37.20 元 / 股，市盈率为 14.61 倍，总市值为 111.75 亿元，详见图 2-19。

图 2-19　德赛电池股票价格（K 线）走势

未来看点：2021 年第一季度全球智能手机出货量同比增长 13.9%。随着全球经济的逐渐复苏，预计全年智能手机出货量将保持良好增长态势，从而为锂电池进一步打开市场。公司已与 ATL 旗下的香港新能达签署了重组意向书，如重组完成，将诞生最大的 3CPack 平台。

风险提示：行业竞争加剧的风险；全球疫情反复给市场带来不确定性风险；项目进展不及预期的风险。

20. 赣锋锂业（002460.SZ）

江西赣锋锂业股份有限公司（Jiangxi Ganfeng Lithium Co., Ltd.）于 2010 年 8 月 10 日在深圳证券交易所上市，锂电池概念，总股本 14.37 亿股，董事长李良彬。所属行业：电子制造，主营业务：深加工锂产品的研究、开发、生产与销售。经营范围：氢氧化锂、氟化锂、丁基锂生产；氯丁烷、金属锂、氢化锂、氧化锂、锂硅合金、锂铝合金、硫酸、盐酸销售；有色金属、电池、电池材料、化工产品的生产、加工与销售等。注册地址和办公地址同为江西省新余市经济开发区龙腾路。赣锋锂业长期致力于深加工锂产品的研发和生产，是国内锂系列产品品种最齐全、加工链最长、工艺技术最全面的专业生产商，也是国内唯一的规模化利用含锂回收料生产锂产品的企业，从企业的研发能力、产品技术水平、生产规模和市场份额来看，综合实力位居国内深加工锂产品领域第一。

从财务指标看，年报显示，2020 年公司实现营业总收入 55.24 亿元，同比增长 3.41%；实现归母净利润 10.25 亿元，同比大幅增长 186.31%；每股收益 0.79 元，同比增长 182.14%。2021 年中报显示，6 月末公司实现营业收入 40.64 亿元，同比增长 70.27%；实现归母净利润 14.17 亿元，同比大幅增长 805.29%；每股收益 1.04 元，同比大幅增长 766.67%。2021 年以来各项指标大幅增长，截至 2021 年 12 月 28 日的 60 天内有 14 个研究报告对其进行了评级，以买入为主。

2015—2017 财年公司业绩表现尚好，公司股价也出现了一波上涨行情，2018 年和 2019 年受锂价格下降拖累和投资在短期内不产生效益的影响，公司净利润出现大幅下滑，公司股价应声回落。2019 年锂价格进入底部区间，公司也迎来了增长拐点。同时，公司加码产能布局，着力打造氢氧化锂竞争优势，"量增"对冲价格波动。2020 年锂价回升，同时下游电动汽车、两轮车、储能景气度提升，公司盈利快速回升。2021 年延续了良好的增长态势。公司股价从 2019 年 8 月的每股 20 元持续上升，2021 年 12 月 28 日，公司股价报收 140.38 元/股，市盈率为 63.72 倍，总市值为 1896.81 亿元。股价走势与业绩变化高度一致，详见图 2-20。

未来看点：2021 年 6 月 11 日，公司同意全资子公司赣锋国际以自有资金 1.3 亿美元收购荷兰 SPV 公司 50% 的股权。本次公司收购矿山标的资源储量，成本优势显著。马里 Goulamina 锂辉石矿位于非洲马里南部地区，矿区面积为 100 平方千米，拥有氧化锂矿石资源 157 万吨，平均品位为 1.45%。此次交易完成将对公司的全球布局产生积极的促进作用。

风险提示：锂价格波动风险；国际市场政策变动风险；项目投产进度不及预期的风险；全球疫情反复对消费需求带来影响的风险等。

图 2-20　赣锋锂业股票价格（K 线）走势

21. 亿纬锂能（300014.SZ）

惠州亿纬锂能股份有限公司（EVE Energy Co., Ltd.）于 2009 年 10 月 30 日在深交所创业板上市，锂电池概念，总股本 18.88 亿股，董事长刘金成。所属行业：技术硬件与设备，主营业务：锂原电池业务、锂离子电池业务和电子雾化器业务。经营范围：研发、生产、销售锂一次电池、锂二次电池、锂聚合物电池、锂离子电池、镍氧电池、镍镉电池、锌锰电池、动力电池系统和电池管理系统、锂电池储能系统；锂电池相关技术咨询服务。注册地址和办公地址同为惠州市仲恺高新区惠风七路 38 号。亿纬锂能创立于 2001 年，自 2009 年在深交所创业板上市至今，已形成锂原电池、锂离子电池、电源系统等核心业务，产品覆盖智能电网、智能交通、智能安防、储能、新能源汽车、特种行业等市场。追求卓越，专注创新，致力于打造一流"智慧互联能源"方案提供商。目前，公司总占地面积约 50 万平方米，在广东惠州、湖北荆门设有 4 大生产基地，在我国香港和台湾、美国、欧洲等国内外多地设有分公司及办事处。

得益于近年来国家对新能源产业的扶持和新能源产业的兴起，公司产销两旺，从财务指标看，年报显示，2017 年至今，公司营业收入呈几何级上升，2017—2020 年分别实现营业总收入 29.82 亿元、43.51 亿元、64.12 亿元和 81.62

亿元，增长率分别为 27.49%、45.91%、47.37%、27.29%；2017—2020 年分别实现归母净利润 4.03 亿元、5.70 亿元、15.22 亿元和 16.52 亿元，分别增长 59.92%、41.44%、167.02% 和 8.54%；2017—2020 年每股收益分别为 0.47 元、0.67 元、0.86 元和 0.89 元，逐年递增。2021 年中报显示，6 月末公司实现营业收入 65.60 亿元，同比大幅增长 106.54%；实现归母净利润 14.95 亿元，同比大幅增长 311.49%；每股收益 0.79 元，同比大幅增长 295.00%。各项指标稳步大幅增长，截至 2021 年 8 月 27 日的 60 天内有 25 个研究报告对其进行了评级，以买入为主。

受公司业绩持续向好的牵引，公司股价从 2017 年上半年的每股不到 10 元持续稳步上升，2021 年 8 月 27 日，公司股价报收 102.14 元 / 股，市盈率为 61.82 倍，总市值为 1936.32 亿元，详见图 2-21。

图 2-21 亿纬锂能股票价格（K 线）走势

未来看点：参与世界级大柴旦盐湖基地建设；参股充电龙头特来电，拓展锂电布局；投资 30 亿元在江苏启东建设磷酸铁锂储能电池项目；在荆门投建年产 104.5GWh 的新能源动力储能电池产业园。

风险提示：消费电池需求不及预期的风险；电子烟政策风险；新能源车全球布局受阻的风险；产品竞争激烈带来价格波动的风险。

22. 天赐材料（002709.SZ）

广州天赐高新材料股份有限公司（Guangzhou Tinci Materials Technology Co., Ltd.）于 2014 年 1 月 23 日在深圳证券交易所上市，锂电池概念，总股本 9.53 亿股，董事长徐金富。所属行业：原材料，主营业务：精细化工新材料的研发、生产和销售。经营范围：新材料技术推广，货物进出口，生物技术推广服务，锂离子电池制造，其他日用化学产品制造等。注册地址和办公地址同为广东省广州市黄埔区云埔工业区东诚片康达路 8 号。公司成立于 2000 年 6 月，位于广州市黄埔区经济技术开发区内。自成立以来，天赐材料一直致力于精细化工新材料的研发、生产和销售，目前有个人护理品材料、锂离子电池材料、有机硅橡胶材料三大业务板块。

从财务指标看，年报显示，2020 年公司实现营业总收入 41.19 亿元，同比增长 49.51%；实现归母净利润 5.33 亿元，同比大幅增长 3231.25%；每股收益 0.98 元，同比增长 3166.66%。2021 年业绩超预期增长，第一季度公司实现营业收入 15.62 亿元，同比大幅增长 197.47%；实现归母净利润 2.87 亿元，同比增长 591.15%。2021 年中报显示，6 月末公司实现营业收入 36.99 亿元，同比大幅增长 132.27%；实现归母净利润 7.83 亿元，同比大幅增长 150.96%；每股收益 0.84 元，同比增长 147.05%。各项指标稳步增长，截至 2021 年 12 月 28 日的 60 天内有 18 个研究报告对其进行了评级，以买入为主。

受公司业绩向好的支撑，公司股价从 2019 年末的每股 10 元持续稳步上升，2021 年 12 月 28 日，公司股价报收 117.88 元 / 股，市盈率为 72.15 倍，总市值为 1131.44 亿元，详见图 2-22。

图 2-22 天赐材料股票价格（K 线）走势

未来看点：公司已成功突破电解液核心材料六氟磷酸锂生产壁垒，2021 年底，公司将拥有 35000 吨六氟磷酸锂产能，除满足自身生产需要外，还可对外供货。公司还依靠优异的产品质量和成本优势接连打入 LG 化学和特斯拉两家国际巨头的供应链。同时，公司还在与多个国际客户对接。这将助力公司未来的市场扩张与业绩持续向好。

风险提示：新能源汽车放量不及预期的风险；原材料价格波动导致公司业绩波动的风险。

（三）生物化学医药类品种

23. 片仔癀（600436.SH）

漳州片仔癀药业股份有限公司（Zhangzhou Pientzehuang Pharmaceutical Co., Ltd.）于 2003 年 6 月 16 日在上海证券交易所上市，健康概念，总股本 6.03 亿股，董事长林纬奇。所属行业：制药、生物科技和生命科学，主营业务：锭剂、片剂、颗粒剂、胶囊剂、软膏剂、糖浆剂、酊剂的生产，片仔癀牌蜂乳胶囊生产销售等。经营范围：片剂、硬胶囊剂、颗粒剂、丸剂、糖浆剂、酊剂、软膏剂、锭剂、中药饮片的生产；代加工片剂；保健品的生产等。注册地址和办公地址同为福建省漳州市芗城区上街 1 号。漳州片仔癀药业股份有限公司是国家高新技术企业、中华老字号企业，由其前身（成立于 1956 年的漳州制药厂）于 1999 年 12 月改制创立。2003 年 6 月，片仔癀股票在上海证券交易所成功上市，经 2 次增发，现股本为 6.03 亿股，市值 400 亿元左右。目前拥有 34 家控股子公司、8 家参股公司和 5 只产业基金，职工近 2000 人。

从财务指标看，自 2017 年以来，公司营业收入、净利润、每股收益都持续稳步增长。年报显示，2020 年公司实现营业总收入 65.11 亿元，同比增长 13.79%，相比 2017 年增长 75.31%；实现归母净利润 16.72 亿元，同比增长 21.69%，相比 2017 年增长 107.19%；每股收益 2.77 元，同比增长 21.49%，相比 2017 年增长 106.72%。2021 年开局良好，第一季度实现营业收入 20.02 亿元，同比增长 16.76%；实现归母净利润 5.65 亿元，同比增长 20.84%；每股收益 0.94 元，同比增长 20.51%。2021 年中报显示，公司实现营业收入 38.49 亿元，同比增长 18.56%；实现归母净利润 11.15 亿元，同比增长 28.96%；每股收益 1.85 元，同比增长 29.37%。各项指标稳步增长，截至 2021 年 8 月 27 日的 60 天内有 12 个研究报告对其进行了评级，以买入为主。

受公司业绩持续向好的支撑，公司股价从 2017 年的每股 42 元持续上升，2021 年 8 月 27 日，公司股价报收 361.70 元 / 股，市盈率为 143.81 倍，总市值为 2182.20 亿元，详见图 2-23。

未来看点：锭剂提价可能性加大，片仔癀系列增速回升在即。日化业务快速发展成新增长极。片仔癀系列和日化业务将会成为公司业绩的重要支撑。

风险提示：原材料价格上涨的风险；新产品市场拓展不及预期的风险；主要产品销售不及预期的风险等。

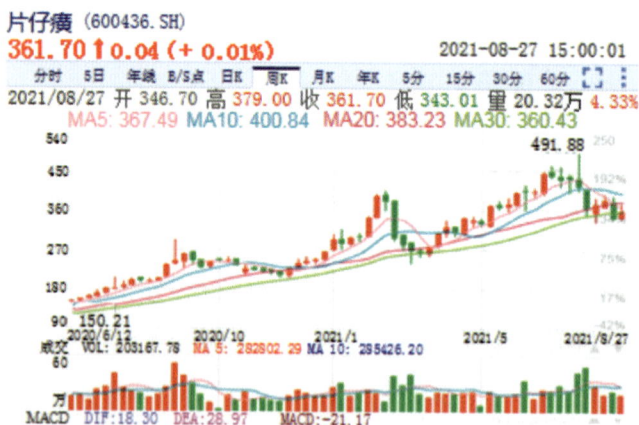

图 2-23　片仔癀股票价格（K 线）走势

24. 泰格医药（300347.SZ）

杭州泰格医药科技股份有限公司（Hangzhou Tigermed Consulting Co., Ltd.）于 2012 年 8 月 17 日在深交所创立板上市，医疗器械概念，总股本 8.72 亿股，董事长叶小平。所属行业：制药、生物科技和生命科学，主营业务：为医药产品研发提供 I 至 IV 期临床试验技术服务、数据管理、统计分析、注册申报等临床研究服务。经营范围：医药相关产业产品及健康相关产业产品的技术开发、技术咨询、成果转让，临床试验数据的管理与统计分析等。注册地址：杭州市滨江区江南大道 618 号东冠大厦 1502-1，办公地址：杭州市滨江区西兴街道聚工路 19 号 8 幢 20 层 2001—2010 室。杭州泰格医药科技股份有限公司是一家专注于为新药研发提供临床试验全过程专业服务的合同研究组织（CRO）。在内地 60 个主要城市和我国香港、我国台湾、韩国、日本、马来西亚、新加坡、印度、澳大利亚、加拿大、美国等地设有全球化服务网点，拥有超过 3200 人的国际化专业团队，为全球 600 多家客户成功开展了 920 余项临床试验服务。泰格医药更因参与 130 余种国内创新药临床试验而被誉为"创新型 CRO"。

从财务指标看，年报显示，2020 年公司实现营业总收入 31.92 亿元，同比增长 13.88%；实现归母净利润 17.50 亿元，同比大幅增长 108.08%；每股收益 2.20 元，同比增长 94.69%。2021 年中报显示，6 月末公司实现营业收入 20.56 亿元，同比增长 41.62%；实现归母净利润 12.55 亿元，同比增长 25.65%；每股收益 1.44 元，同比增长 7.46%。各项指标稳步增长，截至 2021 年 8 月 27 日的

60 天内有 18 个研究报告对其进行了评级，以增持为主。

2017 年至今，公司业绩持续向好，2021 年第一季度的净利润是 2017 年全年净利润（3.01 亿元）的 51.16%。受公司业绩持续向好的牵引，公司股价自 2017 年 6 月末的每股 15.12 元持续稳步上升，2021 年 8 月 27 日，公司股价报收 136.49 元 / 股，市盈率为 59.36 倍，总市值为 1163.171 亿元，详见图 2-24。

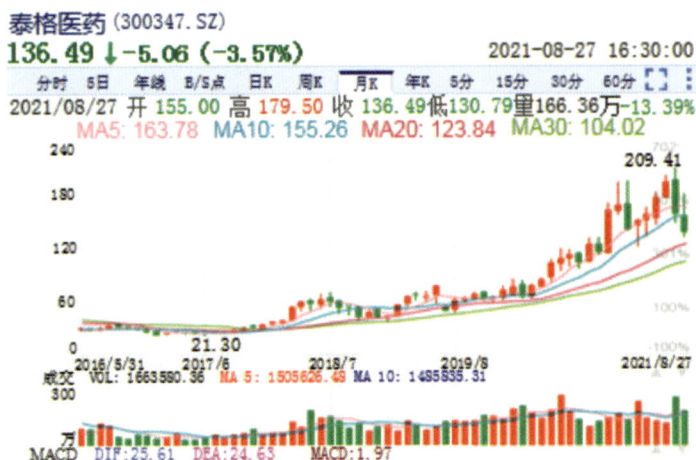

图 2-24 泰格医药股票价格（K 线）走势

未来看点：公司开展了 20 多个国际临床试验项目（MRCT），项目覆盖北美、南美、亚太和欧洲等的 20 多个国家和地区。公司在韩国、日本、澳大利亚、东南亚、印度等已完成了服务体系布局，将进一步拓展国际市场。

风险提示：创新药研发投入不及预期的风险；全球疫情反复影响公司全球布局的风险；投资收益波动的风险；行业监管政策变化的风险；药企竞争加剧影响公司市场份额的风险。

25. 药明康德（603259.SH）

无锡药明康德新药开发股份有限公司（Wuxi Apptec Co., Ltd.）于 2018 年 5 月 8 日在上海证券交易所上市，基因测序概念，总股本 29.51 亿股，董事长李革。所属行业：制药、生物科技和生命科学，主营业务：小分子化学药的发现、研发及生产的全方位、一体化平台服务，以全产业链平台的形式面向全球制药企业提供各类新药的研发、生产及配套服务；此外，还在境外提供医疗器械检测及境外精准医疗研发生产服务。经营范围：开发研究及报批新药；医药中间体和精细化工产品的研发；医药科技、生物技术、组合化学、有机化学、医疗科技、检测技术、计算机科技的技术开发、技术转让、技术服务和技术咨询；

一类医疗器械、药品的批发，机械设备及零配件的销售；自营和代理各类商品及技术的进出口业务；医药信息咨询、健康咨询等。注册地址：江苏省无锡市滨湖区马山五号桥，办公地址：中国上海浦东新区外高桥保税区富特中路288号。药明康德于2000年12月成立，是全球领先的制药、生物技术以及医疗器械研发开放式能力和技术平台公司。作为一家以研究为首任，以客户为中心的公司，药明康德向全球制药公司、生物技术公司以及医疗器械公司提供一系列全方位的实验室研发、研究生产服务，服务范围贯穿从药物发现到推向市场的全过程，旨在通过高性价比、高效率的研发服务帮助全球客户缩短药物及医疗器械研发周期、降低研发成本。

从财务指标看，年报显示，2020年公司实现营业总收入165.4亿元，同比增长28.52%；实现归母净利润29.60亿元，同比增长59.57%；每股收益1.27元，同比增长56.79%。2021年中报显示，6月末公司实现营业收入105.40亿元，同比增长45.70%；实现归母净利润26.75亿元，同比增长55.79%；每股收益0.92元，同比增长46.03%。各项指标稳步增长，截至2021年8月27日的60天内有30个研究报告对其进行了评级，以买入为主。

2017年至今，公司营业收入、净利润、每股收益均稳步持续增长。而2019年公司净利润增速为负值，其原因在于2019年所投资标的公允价值变动，损失2.6亿元，剔除不可比因素，2019年归母净利润增长率应为38%。受公司业绩持续向好的支撑，公司股价从2018年末的每股30多元持续稳步上升，2021年8月27日，公司股价报收129.94元/股，市盈率为97.93倍，总市值为3799.85亿元，详见图2-25。

图2-25 药明康德股票价格（K线）走势

未来看点：公司临床前 CRO 业务（药物发现 +PK/PD/ 安评）、小分子 CDMO 业务、细胞和基因疗法 CDMO 业务均为国内体量最大，竞争力最强。"跟随客户、跟随分子、赢得分子"战略会使公司长期保持强劲的增长势头。"一体化、端到端"的新药研发服务平台，将在服务的技术深度以及覆盖广度方面满足客户提出的多元化服务需求。公司新建的新冠药物发现平台已服务 77 家客户，2021—2022 年该平台服务客户数预计将翻番。

风险提示：经济周期和政策变化的风险，恶性价格竞争风险；汇率波动风险；境外经营及国际政策变动的风险。

26. 迈瑞医疗（300760.SZ）

深圳迈瑞生物医疗电子股份有限公司（Shenzhen Mindray Bio-Medical Electronics Co., Ltd.），于 2018 年 10 月 16 日在深交所创立板上市，医疗器械概念，总股本 12.16 亿股，董事长李西廷。所属行业：医疗保健设备与服务，主营业务：主要从事医疗器械的研发、制造、营销及服务，始终以客户需求为导向，致力于为全球医疗机构提供优质产品和服务。经营范围：生产经营医疗电子仪器及其配套试剂及产品的软件开发；自产产品售后服务，自有房屋租赁。注册地址和办公地址同为深圳市南山区高新技术产业园区科技南十二路迈瑞大厦 1~4 层。迈瑞医疗创始于 1991 年，是全球领先的医疗设备与解决方案供应商。迈瑞医疗的总部设在深圳，在北美、欧洲、亚洲、非洲、拉美等地的 32 个国家均拥有子公司，在中国 31 个省份均设有分公司，全球雇员近 7600 名，形成了庞大的全球研发、营销和服务网络。迈瑞医疗融合创新，紧贴临床需求，帮助世界各地人民改善医疗条件、降低医疗成本。目前，迈瑞医疗的产品与解决方案已应用于全球 190 多个国家及地区，中国近 11 万家医疗机构和 99% 以上的三甲医院。

从财务指标看，年报显示，2020 年公司实现营业总收入 210.30 亿元，同比增长 26.99%，相比 2018 年增长 52.95%；实现归母净利润 66.58 亿元，同比增长 42.23%，相比 2018 年增长 79.03%；每股收益 5.48 元，同比增长 42.26%，相比 2018 年增长 64.07%。2021 年中报显示，6 月末公司实现营业收入 127.80 亿元，同比增长 20.96%；实现归母净利润 43.44 亿元，同比增长 25.79%；每股收益 3.57 元，同比增长 25.79%。各项指标稳步增长，截至 2021 年 8 月 27 日的 60 天内有 28 个研究报告对其进行了评级，以买入为主。

受公司业绩持续向好的牵引，公司股价从 2018 年 10 月的每股 94 元持续稳步上升，2021 年 8 月 27 日，公司股价报收 323.25 元 / 股，市盈率为 52.06 倍，总市值为 3929.72 亿元，详见图 2-26。

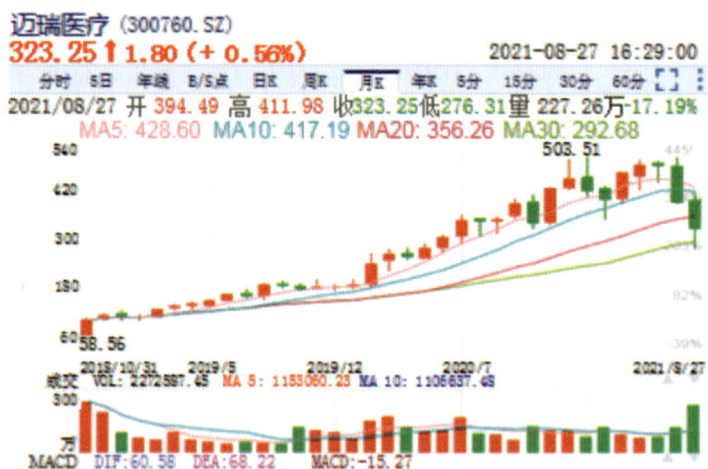

图 2-26　迈瑞医疗股票价格（K 线）走势

未来看点：迈瑞医疗拟通过全资子公司香港全球及香港全球的全资子公司迈瑞荷兰收购 HytestlnvestOy 及其下属子公司 100% 股权，收购总价为 5.4 亿欧元。这将有利于迈瑞医疗 IVD 产品及原料的核心研发能力建设，提高公司关键原料自产率。国际化是 IVD 产线未来增长的一大动力。

风险提示：全球疫情的不确定性风险；收购进展不及预期的风险；后续订单不及预期的风险；新产品上市不及预期的风险。

27. 万泰生物（603392.SH）

北京万泰生物药业股份有限公司（Beijing Wantai Biological Pharmacy Enterprise Co., Ltd.）于 2020 年 4 月 29 日在上海证券交易所上市，生物疫苗概念，总股本 6.07 亿股，董事长邱子欣。所属行业：制药、生物科技和生命科学，主营业务：体外诊断试剂、仪器与疫苗的研发、生产及销售。经营范围：生产3-6840 体外诊断试剂、2-6840 体外诊断试剂；销售体外诊断试剂及自产产品等。注册地址和办公地址同为北京市昌平区科学园路 31 号。北京万泰生物药业股份有限公司隶属于养生堂有限公司，是从事生物诊断试剂与疫苗研发及生产的高新技术企业，以"科学为本，关注健康"为理念，以"质量求生存，科技创新求发展"为宗旨，以"为人类的健康事业做出贡献"为追求，将生物技术成果转化为优质产品服务于社会大众。公司成立于 1991 年，经过 20 年的发展积累，从设立之初的小规模实验室发展到目前占地面积达 3.5 万平方米，建筑面积达 2 万平方米的现代化诊断试剂生产基地，企业员工总数超过 800 人，并成为亚太主要的艾滋诊断试剂生产基地、中国知名的免疫诊断试剂生产基地以及国家生物高新技术产业化示范工程基地。

从财务指标看，年报显示，2020 年公司实现营业总收入 23.54 亿元，同比大幅增长 98.82%；实现归母净利润 6.77 亿元，同比大幅增长 225.48%；每股收益 1.62 元，同比增长 200.00%。2021 年中报显示，6 月末公司实现营业收入 19.64 亿元，同比大幅增长 132.78%；实现归母净利润 7.21 亿元，同比大幅增长 195.92%；每股收益 1.47 元，同比大幅增长 145.00%。各项指标稳步增长，截至 2021 年 8 月 27 日的 60 天内有 5 个研究报告对其进行了评级，以增持为主。

受公司业绩持续向好的牵引，公司股价自上市以来持续稳步上升，2021 年 8 月 27 日，公司股价报收 237.50 元 / 股，市盈率为 124.86 倍，总市值为 1441.72 亿元，详见图 2-27。

图 2-27　万泰生物股票价格（K 线）走势

未来看点：2 价 HPV 疫苗和新冠检测试剂双驱动将成为公司未来 2 ~ 3 年的业绩增长点。

风险提示：疫苗供应不及预期的风险；市场竞争加剧导致产品价格下行的风险。

28. 通策医疗（600763.SH）

通策医疗股份有限公司（Topchoice Medical Corporation），于 1996 年 10 月 30 日在上海证券交易所上市，辅助生殖概念，总股本 3.21 亿股，董事长吕建明。所属行业：医疗保健设备与服务，主营业务：口腔医疗服务和辅助生殖医疗服务。经营范围：医疗器械、日用品、消毒用品的销售，投资管理，经营进出口业务，技术开发，技术咨询及技术服务，培训服务。注册地址：杭州市上城区平海路 57 号，办公地址：浙江省杭州市西湖区灵溪北路 21 号合生国贸 5 号楼。公司是目前国内唯一一家以医疗投资、医院管理为主营业务的主板上市公司。公司以口腔医疗服务为主营方向，计划进军多个专业医疗服务领域，构建以医疗服务为支柱的现代企业发展战略。2006 年，公司主营业务全部转型至医疗服务领域，成为中国第一家医疗服务保健上市公司。公司目前在杭州、宁波、昆明、衢州、北京、沧州、黄石、义乌共有 13 家口腔医院及诊所。2010 年，通策医疗荣登福布斯中国最具潜力中小企业排行榜 200 强。2010 年 7 月，通策医疗荣获中国医药最具竞争力上市公司 50 强称号。2011 年 5 月，通策医疗荣登中联上市公司价值百强榜，名列第 60 位。2011 年 9 月，通策医疗入选口碑榜中国最具潜力上市公司候选名单。2012 年 5 月，通策医疗荣登中联上市公司业绩百强榜，名列第 45 位。2013 年，通策医疗荣登福布斯中国潜力上市公司 100 强。

从财务指标看，年报显示，2020 年公司实现营业总收入 20.88 亿元，同比增长 8.13%；实现归母净利润 4.93 亿元，同比增长 5.79%；每股收益 1.54 元，同比增长 6.21%。2021 年中报显示，6 月末公司实现营业收入 13.18 亿元，同比增长 74.81%；实现归母净利润 3.51 亿元，同比大幅增长 141.16%；每股收益 1.09 元，同比大幅增长 142.22%。各项指标稳步增长，截至 2021 年 11 月 22 日的 60 天内有 20 个研究报告对其进行了评级，以买入为主。

2017 年以来，公司营业收入、净利润和每股收益均呈快速增长态势，受公司业绩持续向好的牵引，公司股价也随之持续上涨，从 2017 年底的每股 30 元左右持续上升，2021 年 11 月 22 日，公司股价报收 211.13 元/股，市盈率为 94.96 倍，总市值为 676.97 亿元，详见图 2-28。

图 2-28　通策医疗股票价格（K 线）走势

未来看点：医院尤其口腔医院产能增速达近 4 年来的高位。中国医疗资源紧缺，在此态势下，医院产能快速扩张，有望带来业绩长期稳定增长。

风险提示：新院扩张速度不及预期的风险；医药政策变化的风险；核心人才流失的风险；竞争带来产品价格下降的风险。

29. 康龙化成（300759.SZ）

康龙化成（北京）新药技术股份有限公司（Pharmaron Beijing Co., Ltd.）于 2019 年 1 月 28 日在深交所创立板上市，生物医药概念，总股本 7.94 亿股，实际控制人楼小强。所属行业：制药、生物科技和生命科学，主营业务：跨越药物发现、药物开发两个阶段的全流程一体化药物研究、开发及生产 CRMO 解决方案，新药发现、开发和商业化推广。经营范围：药用化合物、化学药、生物制品、生物技术的研究与开发；提供技术开发、技术转让、技术咨询、技术服务、技术培训；货物、技术进出口业务等。注册地址和办公地址同为北京市北京经济技术开发区泰河路 6 号。公司成立于 2004 年，是国际领先的生命科学研发服务企业。公司的使命为"以最高水平的研发服务，帮助合作伙伴们成功开发新药，为人类健康贡献康龙化成智慧"。经过 10 多年的快速发展，康龙化成打造了全方位的药物研发一体化平台，贯穿合成化学与药物化学、生物、药物代谢及药代动力学、药理、药物安全评价、放射标记代谢、工艺研发、GMP 生产及制剂研发服务等各个领域，提供包括苗头化合物探索与靶标验证、先导化合物优化、临床前候选药物筛选、新药临床开发和新药上市申报等一体化服务。康龙化成在中国、美国、英国均有运营实体，拥有 7000 多名员工，凭借一流的人才队伍和高质量的研发服务，获得了业界的广泛认可，与北美、欧洲、日本和中国的各医药公司 / 机构保持着长期、稳固的合作关系。

从财务指标看，年报显示，2020 年公司实现营业总收入 51.34 亿元，同比增长 36.65%；实现归母净利润 11.72 亿元，同比大幅增长 114.23%；每股收益 1.48 元，同比增长 78.31%。2021 年中报显示，6 月末公司实现营业收入 32.86 亿元，同比增长 49.81%；实现归母净利润 5.64 亿元，同比增长 17.93%；每股收益 0.71 元，同比增长 17.73%。各项指标稳步增长，截至 2021 年 12 月 27 日的 60 天内有 18 个研究报告对其进行了评级，以买入为主。

公司绩优。盘子适中，上市以来一直受到投资人的追捧，公司股价从上市之初的每股 14 元持续稳步上升，2021 年 12 月 27 日，公司股价报收 143.00 元 / 股，市盈率为 79.79 倍，总市值为 1074.76 亿元，详见图 2-29。

图 2-29　康龙化成股票价格（K 线）走势

未来看点：公司正在北京、天津、杭州、宁波扩大产能，进行 CXO 全产业布局；同时进行外延并购，收购美国 Absorption Systems LLC 及其子公司。这将助力康龙化成大分子 / 小分子药物、基因和细胞疗法及医疗器械产品的研发与生产。

风险提示：产能扩建不及预期的风险；汇率剧烈波动的风险；药物研发失败的风险。

（四）科技类品种

30. 富满微（300671.SZ）

富满微电子集团股份有限公司（Fine Made Microe Electronics Group Co., Ltd.）于 2017 年 7 月 5 日在深交所创立板上市，第三代半导体概念，总股本 2.05 亿股，董事长刘景裕。所属行业：软件与服务，主营业务：集成电路（Integrated Circuit，IC）设计，主要从事高性能模拟及数模混合集成电路的设计研发、封装、测试和销售等。经营范围：集成电路、IC、三极管的设计、研发、生产经营、批发、进出口及相关配套业务；从事货物及技术进出口业务等。注册地址：深圳市福田区香蜜湖街道农园路时代科技大厦西区 18 楼，办公地址：深圳市南山区侨香路金迪世纪大厦 1 栋 A 座 11~12 层。公司创立于 2001 年（原名为深圳市富满电子有限公司，2015 年 1 月 29 日更名为深圳市富满电子集团股份有限公司，2020 年 11 月又更名为富满微电子集团股份有限公司），是一家从事高性能模拟及数模混合集成电路设计研发、封装、测试和销售的国家

级高新技术企业。目前拥有电源管理、LED驱动、MOSFET等涉及消费领域
的IC产品400余种。依托技术研发、业务模式、快速服务和人才储备等优势，
公司已成为集成电路行业电源管理类芯片、LED控制及驱动类芯片等细分领域
的优秀企业。

2017年上市以来，公司营业收入持续向好，年报显示，2020年实现营业
总收入8.36亿元，同比增长39.80%，相比2017年增长90.43%，几乎翻了一
番；实现归母净利润1.01亿元，同比大幅增长172.97%；每股收益0.66元，
同比增长153.85%。2021年以来公司业绩更是超预期增长，第一季度实现营
业收入2.66亿元，同比大幅增长164.36%；实现归母净利润0.62亿元，同比
大幅增长831.50%；每股收益0.39元，同比大幅增长680.00%。2021年中报
显示，6月末公司实现营业收入8.51亿元，同比大幅增长239.31%；实现归母
净利润3.16亿元，同比大幅增长1190.55%；每股收益1.54元，同比大幅增长
805.88%。各项指标稳步增长，截至2021年11月22日的60天内有1个研究
报告对其进行了评级，以增持为主。

受公司业绩持续向好的推动，公司股价从上市之初的每股15元持续稳步上
升，2021年11月22日，公司股价报收86.64元/股，市盈率为33.91倍，总市
值为177.57亿元，详见图2-30。

图2-30 富满微股票价格（K线）走势

未来看点：LED驱动芯片高景气，公司产品放量。在LED显示屏小间距化
形势下，随着灯珠间距的缩小，单位面积使用的显示驱动芯片数量呈指数级增
长，这会给公司业绩带来稳定的支撑。目前，公司正从单一芯片供应商转变为

平台型模拟 IC 方案服务商。2021 年中报显示，公司上半年实现净利润 3.15 亿元，是 2020 年全年的 3 倍。同时，行业开启了新一轮涨价潮，公司业绩持续看好。

风险提示：新品推出不及预期的风险，市场竞争加剧的风险；5G 射频不及预期的风险。

31. 新洁能（605111.SH）

无锡新洁能股份有限公司（Wuxi NCE Power Co., Ltd.）于 2020 年 9 月 28 日在上海证券交易所上市，第三代半导体概念，总股本 1.42 亿股，董事长朱袁正。所属行业：技术硬件与设备，主营业务：MOSFET、IGBT 等半导体芯片和功率器件的研发设计及销售。经营范围：电力电子元器件的制造、研发、设计、技术转让、技术服务、销售；集成电路、电子产品的研发、设计、技术转让、技术服务、销售；计算机软件的研发、技术转让等。注册地址：无锡市新吴区电腾路 6 号，办公地址：无锡市高浪东路 999 号 B1 号楼二层。公司是高新技术企业、中国半导体功率器件十强企业（中国半导体行业协会，2016 年 &2017 年），拥有江苏省功率器件工程研究中心、江苏省研究生工作站，注重先进半导体功率器件的研发与产业化，多项研发成果在 IEEE、ISPSD 等国际期刊 / 国际会议上发表，并被 SCI、EI 索引。公司将持续加大研发投入，提升产品竞争力，目标是成为具有国际竞争力的半导体功率器件产品与服务供应商。

从财务指标看，年报显示，2020 年公司实现营业总收入 9.55 亿元，同比增长 23.54%；实现归母净利润 1.39 亿元，同比增长 41.83%；每股收益 1.69 元，同比增长 31.01%。2021 年中报显示，6 月末公司实现营业收入 6.77 亿元，同比增长 76.21%；实现归母净利润 1.75 亿元，同比大幅增长 215.29%；每股收益 1.23 元，同比大幅增长 136.54%。各项指标稳步增长，截至 2021 年 8 月 27 日的 60 天内有 13 个研究报告对其进行了评级，以买入为主。

受公司业绩持续向好的牵引，公司股价从 2020 年 9 月的每股 24 元左右持续稳步上升，2021 年 8 月 27 日，公司股价报收 150.97 元 / 股，市盈率为 82.75 倍，总市值为 213.89 亿元，详见图 2-31。

未来看点：公司积极布局第三代功率器件产品研发，1200V 新能源汽车用 SiCMos 和 650VPD 电源用 GaNHEMT 在积极研发中。短期来看，公司有望于此轮景气周期和自身客户优势充分受益；中长期来看，公司有望受益于 IGBT 等新产品放量、持续优化产品结构，叠加国产替代大趋势，快速崛起。短期趋势从 2021 年中报已得到验证，2021 年上半年实现净利润 1.72 亿元，同比增长

210.20%，相比 2020 年全年的业绩增长 23.74%。

风险提示：下游需求不及预期的风险；产品研发不及预期的风险；新客户导入不及预期的风险。

图 2-31　新洁能股票价格（K 线）走势

32. 瑞芯微（603893.SH）

瑞芯微电子股份有限公司（Rockchip Electronics Co., Ltd.）于 2020 年 2 月 7 日在上海证券交易所上市，半导体概念，总股本 4.17 亿股，董事长励民。所属行业：技术硬件与设备，主营业务：大规模集成电路及应用方案的设计、开发和销售。经营范围：集成电路设计，集成电路销售，集成电路芯片设计及服务；软件开发、销售；电子元器件制造、批发、销售；电子产品销售，光电子器件制造与销售；通信设备制造与销售等。注册地址和办公地址同为福州市鼓楼区软件大道 89 号 18 号楼。瑞芯微成立于 2001 年，总部位于福州，在上海、北京、深圳、杭州均有研发中心，是中国极具创新和务实的集成电路设计公司。瑞芯微为人工智能领域、智能音箱、手机拍摄协处理器、手机快充、平板电脑、电视机顶盒、ARM 处理器 PC、嵌入式行业应用、VR、机器人、无人机、影像处理、车载导航、IoT 物联网和多媒体音视频等多个领域提供专业芯片解决方案。

从财务指标看，年报显示，2020 年公司实现营业总收入 18.63 亿元，同比增长 32.31%；实现归母净利润 3.20 亿元，同比增长 56.09%；每股收益 0.79 元，同比增长 43.63%。2021 年上半年，公司实现营业收入 13.78 亿元，同比大幅增长 104.50%；实现归母净利润 2.65 亿元，同比大幅增长 184.70%；每股收益

0.64 元，同比大幅增长 178.26%。自 2020 年初上市以来，公司营业收入、净利润和每股收益等各项指标均大幅增长。截至 2021 年 8 月 27 日的 60 天内有 12 个研究报告对其进行了评级，以买入为主。

受公司业绩持续向好的牵引，公司股价从 2020 年 2 月末的每股 58.27 元持续稳步上升，2021 年 8 月 27 日，公司股价报收 156.53 元 / 股，市盈率为 132.66 倍，总市值为 652.43 亿元，详见图 2-32。

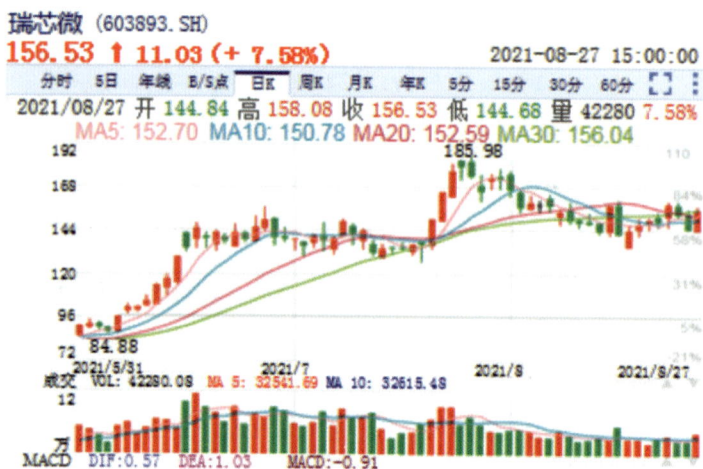

图 2-32　瑞芯微股票价格（K 线）走势

未来看点：公司产品主赛道 AIoT 的需求增长强劲，新产品 22/14nm 等值得期待。随着 5G/AI 技术的成熟，物联网有望快速放量，公司的硬件也将迎来更多的语音 + 视觉等智能化处理和计算。尤其是公司将发布旗舰处理器 RK3588，将强化公司在智能安防、智慧教育等物联网场景的竞争优势。公司未来业绩值得期待。

风险提示：新产品研发进度不及预期的风险；产业政策变动的风险；产能扩张不及预期的风险；市场竞争加剧导致产品价格波动的风险等。

33. 北方华创（002371.SZ）

北方华创科技集团股份有限公司（NAURA Technology Group Co., Ltd.）于 2010 年 3 月 16 日在深交所中小板上市，总股本 4.97 亿股，董事长赵晋荣。所属行业：半导体，主营业务：从事基础电子产品的研发、生产、销售和技术服务业务。经营范围：组装生产与销售集成电路设备、光伏设备、TFT 设备、真空设备、锂离子电池设备、流量计、电子元器件；技术咨询、技术开发、技术转让；经济贸易咨询、投资与投资管理；货物进出口、技术进出口、代理进出口等。注册地址：北京市朝阳区酒仙桥东路 1 号，办公地址：北京市经济技术开发区文昌大道 8 号 5 层。北方华创科技集团股份有限公司是由北京七星华创电子股份有限公司和北京北方微电子基地设备工艺研究中心有限责任公司战略重组而成，是目前国内集成电路高端工艺装备的龙头企业。北方华创拥有半导体装备、真空装备、新能源锂电装备及精密元器件四个事业群，为半导体、新能源、新材料等领域提供全方位整体解决方案。公司现有四大产业制造基地，营销服务体系覆盖欧盟、美国、亚洲等全球主要国家和地区。

从财务指标看，年报显示，2020 年公司实现营业收入 60.56 亿元，同比增长 49.23%；实现归母净利润 5.37 亿元，同比增长 73.78%；每股收益 1.09 元，同比增长 62.68%。进入 2021 年，公司大抓市场销售，第一季度实现营业收入 14.23 亿元，同比增长 51.76%；实现归母净利润 7291 亿元，同比大幅增长 175.27%；每股收益 0.14 元，同比大幅增长 172.04%。2021 年中报显示，公司实现营业收入 36.08 亿元，同比增长 65.75%；实现归母净利润 3.10 亿元，同比增长 68.60%；每股收益 0.63 元，同比大幅增长 67.36%。截至 2021 年 12 月 27 日的 60 天内有 18 个研究报告对其进行了评级，以买入为主。

近年来公司业绩稳步持续增长，在业绩的支撑下，公司股价持续稳步上涨，2021 年 12 月 27 日，公司股价报收 324.36 元 / 股，市盈率为 196.29 倍，总市值为 1705.01 亿元，详见图 2-33。

图 2-33 北方华创股票价格（K 线）走势

未来看点：在国内芯片紧缺的情况下，北方华创长期深耕芯片制造刻蚀领域，未来将成为国内领先的半导体高端工艺装备及一站式解决方案的主供货商。

公司在全球加速投建晶圆厂，到2022年将在全球新扩建29座晶圆厂，全部建成后晶圆产能约增长260万片/月，全面拓展国内市场和全球市场，业绩持续可期。

风险提示：国产替代进展不及预期的风险，下游需求不确定性风险，新产品拓展不及预期的风险。

34. 晶盛机电（300316.SZ）

浙江晶盛机电股份有限公司（Zhejiang Jingsheng Mechanical & Electrical Co., Ltd.）于2012年5月11日在深交所创立板上市，晶体机电概念，总股本12.86亿股，董事长曹建伟。所属行业：原材料，主营业务：晶体生长、加工装备研发制造和蓝宝石材料生产。经营范围：晶体生长炉、半导体材料制备设备、机电设备制造、销售；进出口业务等。注册地址：浙江省绍兴市上虞区通江西路218号，办公地址：浙江省杭州市余杭区五常街道创智一号2号楼。公司创建于2006年12月14日，是一家以"打造半导体材料装备领先企业，发展绿色智能高科技制造产业"为使命的高端半导体装备和LED衬底材料制造的高新技术企业。

近年来，公司营业收入、净利润和每股收益均呈现稳步递增态势，年报显示，2020年公司实现营业总收入38.11亿元，同比增长22.54%，相比2017年增长95.54%，几乎翻了一番；实现归母净利润8.58亿元，同比增长34.69%，相比2017年增长122.28；每股收益0.67元，同比增长34.00%，相比2017年增长123.33%。2021年中报显示，6月末公司实现营业收入22.88亿元，同比增长55.55%；实现归母净利润6.00亿元，同比大幅增长117.23%；每股收益0.47元，同比大幅增长113.64%。各项指标稳步增长，截至2021年8月27日的60天内有21个研究报告对其进行了评级，以买入为主。

受公司业绩持续向好的牵引，公司股价从2017年的每股10元左右持续稳步上升，2021年8月27日，公司股价报收71.76元/股，市盈率为77.97倍，总市值为921.75亿元，详见图2-34。

未来看点：公司积极投入大尺寸硅片领域，提升核心竞争力。公司于2021年6月21日发布报告，拟向参股公司中环领先增资1.3亿元以推动实施集成电路用大直径硅片项目，深化半导体战略布局。还积极布局"长晶、切片、抛光、外延"四大核心环节设备的研发，在半导体材料用关键设备领域实现国产化突破。

风险提示：核心技术人员流失的风险；下游资本开支不及预期的风险；应

收账款坏账计提造成的信用风险。

图 2-34　晶盛机电股票价格（K线）走势

（五）金融类品种

35. 工商银行（601398.SH）

中国工商银行股份有限公司（Industrial and Commercial Bank of China Limited）于 2006 年 10 月 27 日在上海证券交易所上市，金融概念，总股本 3564.06 亿股，董事长陈四清。所属行业：金融，主营业务：商业银行业务。经营范围：办理人民币存款、贷款，同业拆借业务，国内外结算，办理票据承兑、贴现、转贴现，各类汇兑业务，代理资金清算，信用证服务和担保，代理销售业务，代理发行，代理承销，代收代付业务，保管箱业务，年金业务，投行业务，外汇业务，银行卡业务等。注册地址和办公地址同为北京市西城区复兴门内大街 55 号。工商银行成立于 1984 年 1 月 1 日。2005 年 10 月 28 日，整体改制为股份有限公司。2006 年 10 月 27 日，成功在上海证券交易所和香港联合交易所同日挂牌上市。经过持续努力和稳健发展，工商银行已经迈入世界领先大银行行列，拥有优质的客户基础、多元的业务结构、强劲的创新能力和市场竞争力，向全球 864 万公司客户和 6.8 亿个人客户提供广泛的金融产品和服务。通过持续推动改革创新和经营转型，资产负债业务在结构调整中保持稳定的盈利水平，零售金融、资产管理和投资银行成为盈利增长的重要引擎，领先的互联网金融发展推动了经营管理模式和服务方式的根本变革。国际化、综合化经营格局不断完善，境外网络扩展至 42 个国家和地区，海外业务和基金、保险、租赁等综合化子公司的盈利贡献不断提升。连续三年位列《银行家》全球 1000 家大银行和美国《福布斯》全球企业 2000 强榜首。2021 年，中国品牌建设促进会等在上海正式发布中国品牌价值评价信息，工商银行以 3130.12 亿元的品牌价值位居品牌价值榜首，这是工商银行自 2014 年来第六次位居榜首。

从财务指标看，年报显示，2020 年末总资产为 33.35 万亿元，总负债为 30.44 万亿元，实现营业总收入 8827 亿元，同比增长 3.19%；实现归母净利润 3159 亿元，同比增长 1.18%，净利润全球金融机构排名第一；每股收益 0.86 元，同比增长 1.17%。2021 年中报显示，6 月末公司实现营业收入 4678.00 亿元，同比增长 4.31%；实现归母净利润 1635.00 亿元，同比增长 9.87%；每股收益 0.46 元，同比增长 9.52%。各项指标稳步增长，截至 2021 年 8 月 27 日的 60 天内有 11 个研究报告对其进行了评级，以买入为主。

公司体量大，为世界第一大行，一直以来经营业绩持续向好，公司股价从 2006 年末的每股 2.97 元持续稳步上升，2021 年 7 月 5 日分红派息股权登记日，股价报收 5.20 元／股，分配方案为每 10 股派发现金红利 2.66 元。2021 年 8 月 27 日，公司股价报收 4.64 元／股，市盈率为 4.99 倍，总市值为 15611.42 亿元，详见图 2-35。

图 2-35　工商银行股票价格（K 线）走势

未来看点：工商银行资产业务、负债业务和中间业务发展态势良好，不良贷款率稳定控制在 1.58%，比行业平均水平 1.92% 还低 0.34 个百分点，资产质量无虞。资本充足率和核心资本充足率分别为 17.01% 和 13.29%，处于可比同业的较高水平。金融服务能力方面，在境内，工商银行共有物理网点 1.6 万个、自助设备 16.7 万台，遍布全国各地；加上网上银行、手机银行、微信银行，线上线下立体式全天候服务于整个经济社会发展。在境外，工商银行在全球 49 个国家和地区设立了 426 个分支机构，正积极服务于"一带一路"建设。目前，全行上下正按"三比三看三提高"的工作法，进一步强化市场竞争力和金融服务能力，全力打造"大、全、稳、新、优、强"的金融机构。并积极实施战略转型，由传统的商业银行向为全社会提供全方位、综合化金融服务的世界一流金融企业转型发展。未来业绩长期稳定、持续增长可期。

风险提示：低成本的储蓄存款增长不及预期，有可能带来后续资金成本上的风险；银行利差持续收窄的风险。

36. 招商银行（600036.SH）

招商银行股份有限公司（China Merchants Bank Co., Ltd.）于 2002 年 4 月 9 日在上海证券交易所上市，金融概念，总股本 252.20 亿股，董事长缪建民。所属行业：金融，主营业务：商业银行业务。经营范围：吸收公众存款、发放贷款，办理结算，同业拆借，发行金融债券，买卖政府债券，办理票据承兑、贴现、转贴现，各类汇兑业务，代理资金清算，信用证服务和担保，代理销售业务，代理发行，代理承销，代收代付，保管箱业务，年金业务，投行业务，外汇业务，自营或代客外汇买卖，银行卡业务等。注册地址和办公地址同为广东省深圳市福田区深南大道 7088 号。招商银行 1987 年成立于中国改革开放的最前沿——深圳蛇口，是中国境内第一家完全由企业法人持股的股份制商业银行，也是国家从体制外推动银行业改革的第一家试点银行，是一家拥有商业银行、金融租赁、基金管理、人寿保险、境外投行等金融牌照的银行集团。成立 30 多年来，招商银行始终坚持"因您而变"的经营服务理念，品牌知名度日益提升。

从财务指标看，年报显示，2020 年公司实现营业总收入 2905 亿元，同比增长 7.71%；实现归母净利润 973.40 亿元，同比增长 4.81%；每股收益 3.79 元，同比增长 4.69%。2021 年中报显示，公司实现营业收入 1687.00 亿元，同比增长 13.75%；实现归母净利润 611.50 亿元，同比增长 22.82%；每股收益 2.35 元，同比增长 19.29%。各项指标稳步增长，截至 2021 年 8 月 27 日的 60 天内有 27 个研究报告对其进行了评级，以买入为主。

受公司业绩持续向好的牵引，公司股价稳步上行，2002 年末仅为每股 8 元多，多年来股价持续稳步上升，2021 年 8 月 27 日，公司股价报收 50.35 元 / 股，市盈率为 11.68 倍，总市值为 12908.80 亿元，详见图 2-36。

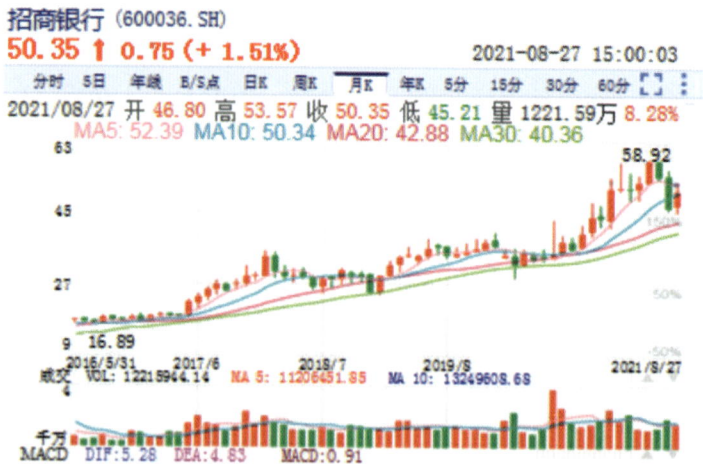

图 2-36 招商银行股票价格（K 线）走势

未来看点：自 2020 年以来，生息资产保持了较快增长，对冲息差收窄影响。同时，在资本市场活跃的影响下代理业务持续扩大，将使非利息收入占比在往后年份持续上升。招商银行紧跟时代，加大科技投入，依赖科技进步，推动数字化转型，强化中后台智能风控管理，使资产质量持续得到保证。目前，招商银行不良贷款率仅 1.07%，远低于行业平均水平，这为后期市场扩张留下了很大空间，业绩持续增长可期。

风险提示：银行利差收窄的风险；大财富管理体系推进不及预期的风险；贷款增速不及预期的风险。

（六）其他类品种

37. 捷佳伟创（300724.SZ）

深圳市捷佳伟创新能源装备股份有限公司（Shenzhen S.C New Energy Technology Corporation）于 2018 年 8 月 10 日在深交所创立板上市，HIT 电池概念，总股本 3.48 亿股，董事长余仲。所属行业：设备制造，主营业务：PECVD 设备、扩散炉、制绒设备、刻蚀设备、清洗设备、自动化配套设备等太阳能电池片生产工艺流程中的主要设备的研发、制造和销售。经营范围：电子工业设备、光伏电池、光伏电池设备、动力电池设备、半导体设备、电子生产设备、光电设备的销售；刻蚀机、扩散炉、烧结炉、各类自动化生产设备、光电设备的租赁及分布式光伏发电开发和利用；与上述设备及分布式发电系统和太阳能技术及产品相关的技术咨询、技术开发、技术服务及技术转让以及合同能源管理；销售太阳能光伏产品及配件；国内贸易；经营进出口业务等。注册地址和办公地址同为深圳市坪山区龙田街道竹坑社区金牛东路62号一层至六层。公司是一家高速发展的新能源装备研发制造企业，不仅可以为客户提供光伏高效电池生产设备，同时提供光伏电池片"交钥匙工程"系统解决方案。随着公司专业化和规模化水平的不断提高，国际化已成为公司发展的重点之一。

从财务指标看，年报显示，2020年公司实现营业总收入40.44亿元，同比增长60.03%；实现归母净利润5.23亿元，同比增长36.91%；每股收益1.63元，同比增长36.97%。2021年中报显示，6月末公司实现营业收入26.24亿元，同比增长38.62%；实现归母净利润4.58亿元，同比增长83.70%；每股收益1.39元，同比增长78.21%。2017年至今，公司营业收入、净利润和每股收益等各项指标稳步增长。截至2021年11月23日的60天内有14个研究报告对其进行了评级，以买入为主。

受公司业绩持续向好的牵引，自公司上市以来，股价从2018年8月末的每股30.94元持续稳步上升，2021年11月23日，公司股价报收121.41元/股，市盈率为62.82倍，总市值为422.13亿元，详见图2-37。

图2-37　捷佳伟创股票价格（K线）走势

未来看点：布局新技术，持续保持领先地位。2020年研发投入为1.9亿元，同比增加56%，2020年末研发人员增至460人，同比增加人力资源55.41%。公司积极开展多个代表未来2~3年高效电池技术发展的设备的研发，涉及大尺寸硅片（M12）、HJT 电池、TOPCon 电池等相关设备产品。公司有望在国内外太阳能电池设备领域维持领先地位。

风险提示：产业政策变动风险；市场竞争加剧导致产品价格下降的风险；新产品市场拓展不及预期的风险等。

38. 金山办公（688111.SH）

北京金山办公软件股份有限公司（Beijing Kingsoft Office Software, Inc.）于 2019 年 11 月 18 日在科创板上市，云办公概念，总股本 4.61 亿股，董事长邹涛。所属行业：信息技术服务，主营业务：主要从事 WPS Office 办公软件产品及服务的设计研发及销售推广。经营范围：开发办公软件；销售自行研发的软件产品；计算机系统集成；技术服务、技术咨询；批发计算机软件、硬件及辅助设备、通信产品；设计、制作、代理、发布广告等。注册地址：北京市海淀区西二旗中路 33 号院 5 号楼 5 层 001 号，办公地址：北京市海淀区西二旗中路 33 号院小米科技园 D 栋（5 号楼）。公司 WPS Office 是中国政府应用最广泛的办公软件之一，在国家新闻出版总署、外交部、工业与信息化部、科技部等 70 多家部委、办、局级中央政府单位中被广泛采购和应用，在国内所有省级政府办公软件的采购中，WPS Office 占据总采购量近三分之二的市场份额，居国内外办公软件厂商采购首位。WPS Office 在企业中应用也极其广泛，如中国工商银行、中国石油天然气集团公司、国家电网公司、鞍钢集团公司、中国核工业集团公司等，目前已实现在金融、电力、钢铁、能源等国家重点和骨干行业中全面领跑的局面。

从财务指标看，年报显示，2020 年公司实现营业总收入 22.61 亿元，同比增长 43.10%；实现归母净利润 8.78 亿元，同比增长 119.50%；每股收益 1.9 元，同比增长 74.31%。2021 年业绩超预期增长，中报显示，公司实现营业收入 15.65 亿元，同比增长 70.90%；实现归母净利润 5.49 亿元，同比增长 53.54%；每股收益 1.19 元，同比增长 53.54%。各项指标稳步增长，截至 2021 年 8 月 27 日的 60 天内有 28 个研究报告对其进行了评级，以买入为主。

受公司业绩持续向好的牵引，2019 年 11 月末公司股价为每股 136.50 元，之后持续稳步上升，2021 年 8 月 27 日，公司股价报收 255.00 元 / 股，市盈率为 111.21 倍，总市值为 1189.43 亿元，详见图 2-38。

未来看点：借力鸿蒙系统分布式能力，拓展未来市场。2021 年 6 月 2 日晚，华为正式发布 HarmonyOS 2 及多款搭载 HarmonyOS 2 的新产品，其中 WPS 支持和适配鸿蒙 2.0。目前公司已加入华为云鲲鹏凌云伙伴计划，同时作为华为 WeLink 智能工作平台的首批合作伙伴，专注于桌面办公、移动办公、云办公和协作办公四大核心场景。同时与华为在更多领域开展合作，加速产品推广。

风险提示：宏观经济波动的风险；市场竞争加剧的风险；技术泄露的风险；国产化不及预期的风险。

图 2-38 金山办公股票价格（K 线）走势

39. 晶丰明源（688368.SH）

上海晶丰明源半导体股份有限公司（Shanghai Bright Power Semiconductor Co., Ltd.）于 2019 年 10 月 14 日在科创板上市，电子设备概念，总股本 0.62 亿股，董事长胡黎强。所属行业：电子设备、仪器和元件，主营业务：电源管理驱动类芯片的研发与销售，公司产品包括 LED 照明驱动芯片、电机驱动芯片等电源管理驱动类芯片。经营范围：半导体芯片及计算机软、硬件的设计、研发、销售，系统集成，提供相关技术的咨询和技术服务，从事货物与技术的进出口业务等。注册地址和办公地址同为中国（上海）自由贸易试验区张衡路 666 弄 2 号 5 层 504—511 室。公司是国内领先的模拟和混合信号集成电路设计企业之一，专注于 LED 照明驱动芯片的研发与销售。经过近 10 年的发展，公司先后获得了"高新技术企业""上海市科技小巨人企业""2016/2017 年上海市集成电路设计企业销售前十""中国 LED 首创奖"等荣誉。

从财务指标看，年报显示，2020 年公司实现营业总收入 11.03 亿元，同比增长 26.35%；实现归母净利润 0.69 亿元，同比增长 -25.42%；每股收益 1.12 元，同比增长 -40.74%。2021 年中报显示，6 月末公司实现营业收入 10.66 亿元，同比大幅增长 177.19%；实现归母净利润 3.36 亿元，同比大幅增长 3456.99%；每股收益 5.44 元，同比大幅增长 3526.27%。进入 2021 年以来，公司营业收入、净利润和每股收益等各项指标均大幅增长。截至 2021 年 11 月 22 日的 60 天内有 19 个研究报告对其进行了评级，以买入为主。

受公司业绩持续向好的牵引，公司股价从 2019 年 10 月末的每股 68.11 元持续快速上升，2021 年 11 月 22 日，公司股价报收 343.03 元 / 股，市盈率为 34.74 倍，总市值为 212.78 亿元，详见图 2-39。

图 2-39　晶丰明源股票价格（K 线）走势

未来看点：公司通过收购与投资上海莱狮、上海芯飞、类比半导体、爻火微电子、凌鸥创芯等公司，形成与晶丰明源业务高度的协同效应，进一步拓宽晶丰明源产品布局、公司产品线和应用领域，对未来公司业绩是一个很好的支撑。

风险提示：产品研发不及预期的风险，海外疫情控制不及预期的风险，市场竞争加剧产品价格波动的风险，收购交易可能终止或取消的风险等。

二、中国香港资本市场掘金

（一）互联网、软件类品种

1. 腾讯控股（00700.HK）

腾讯控股有限公司（Tencent Holdings Ltd.）于 2004 年 6 月 16 日在香港联合交易所上市，总股本 95.95 亿港元，董事会主席马化腾。所属行业：资讯科技业—软件服务—电子商贸及互联网服务。主营业务：于中国为用户提供增值服务以及网络广告服务。办公地址：香港湾仔皇后大道东 1 号太古广场三座 29

楼，深圳市南山区海天二路 33 号腾讯滨海大厦。腾讯控股是一家主要提供增值服务及网络广告服务的投资控股公司，通过三大分部运营。增值服务分部主要包括互联网及移动平台提供的网络／手机游戏、社区增值服务及应用；网络广告分部主要包括效果广告及展示广告；其他分部主要包括支付相关服务、云服务及其他服务。

腾讯控股 2020 年年报显示，营业收入为 5746 亿港元，同比增长 27.77%，归母净利润为 1905 亿港元，同比增长 71.31%，每股收益 20.08 港元。从收入结构来看，增值服务收入为 3149.14 亿港元，占 54.81%；金融科技及企业服务收入为 1526.66 亿港元，占 26.57%；网络广告收入为 980.59 亿港元，占 17.07%；其他收入为 89.33 亿港元，占 1.55%。增值服务收入和金融科技及企业服务收入是公司主要的收入来源，主业十分突出，且有特色。2021 年中报显示，6 月末公司实现营业收入 3290.00 亿港元，同比增长 34.54%；实现归母净利润 1087.00 亿港元，同比增长 59.78%；每股收益 11.42 港元，同比增长 59.11%。主要指标优秀，综合盈利能力优秀，综合成长能力良好。截至 2021 年 8 月 30 日的 60 天内有 36 个研究报告对其进行了评级，以买入为主。

腾讯控股属蓝筹股，也是恒生指数 50 只成分股之一，其特点是实力雄厚，业绩优秀，现金流稳定，适合长期投资持有。上市当日股价仅每股 4.62 港元，经过 17 年的发展，2021 年 8 月 30 日，公司股价报收 465.80 港元／股，市盈率为 23.25 倍，港股总市值为 44718.21 亿港元，详见图 2-40。

图 2-40　腾讯控股股票价格（K 线）走势

未来看点：从基本面来看，其微信生态系统已牢牢抓住了中国市场，现在只要有智能手机就离不开微信，微信已成为国人不可或缺的工作用具、生活助理、理财工具等。而且公司的数字内容不断发展与扩张，已获得 IDC、CDN 两大增值电信业务牌照。可以预见，未来 3 ~ 5 年，公司的盈利仍将保持高增长。

风险提示：政策变动风险；新游戏及海外拓展不及预期的风险；经济增长放缓的风险。

2. 阿里巴巴 –SW（09988.HK）

阿里巴巴集团控股有限公司（Alibaba Group Holding Limited）于 1999 年 6 月 28 日成立。2019 年 11 月 26 日，阿里巴巴在香港联合交易所上市，发行 H 股股票 5.75 亿股，发行价格为每股 176 港元，募集资金 875.57 亿港元。集团主席张勇。所属行业为资讯科技业—软件服务—电子商贸及互联网服务，主营核心商业、云计算、数字媒体及娱乐、创新业务。办公地址：香港铜锣湾勿地臣街 1 号时代广场 1 座 26 楼，浙江省杭州市余杭区文一西路 969 号。阿里巴巴是一家提供技术基础设施及营销平台，帮助商家、品牌及其他企业利用新技术与用户及客户互动，进行运营的控股公司。公司运营四个业务分部。核心商业分部通过淘宝和天猫等提供中国零售、中国批发、跨境及全球零售、跨境全球批发、菜鸟物流服务和本地生活服务。云计算分部为数字经济体及外部机构提供一整套云服务，包括数据库、存储、网络虚拟化服务、大数据分析和其他。数字媒体及娱乐分部提供核心商业业务以外的消费服务。创新业务及其他分部创新并提供新服务和新产品。由于公司基本面好，品牌效应大，上市以来公司股票得到了投资人追捧，股价一路上行，经过短暂回调整理后，从最低点每股 167.6 港元一路上涨至 2020 年 10 月 28 日的每股 309.40 港元。但 2020 年 11 月 2 日，从阿里巴巴独立出来的关联企业蚂蚁集团因违规被中国人民银行、中国银保监会、中国证监会、国家外汇管理局四个监管部门约谈，紧接着，监管部门宣布蚂蚁金服暂缓在 A 股市场上市。此事使人们联想到了阿里巴巴，其股价出现了回撤。2020 年 12 月，国家市场监督管理总局正式开始对阿里巴巴展开反垄断调查，公司股价也从高点回落约 30%。2021 年 4 月 10 日，国家市场监督管理总局就公司在中国境内网络零售平台服务市场滥用市场支配地位行为进行了处罚，罚款金额按照其 2019 年中国境内销售额 4557 亿元的 4% 计算，共 182 亿元。公司回应，诚恳接受，坚决服从，将强化依法经营，进一步加强合规体系建设，降低电子商务平台上商户进入壁垒和业务成本等。此次处罚 182 亿元，会影响短期利润，但对公司长远发展并无大碍。反垄断调查、处罚结束后公司也可全力发展业务，市场对其调查处罚的不确定性已解除，关注点会重回公司的基本面和发展上来。

从财务指标看，年报显示，2020年公司实现营业收入6316亿港元，同比增长34.04%；实现归母净利润1857亿港元，同比增长6.63%；每股收益8.59港元；每股净资产为51.50港元。收入结构中，核心商业收入为5480.13亿港元，占86.77%，云计算收入为516.80港元，占8.18%，数字媒体及娱乐收入为275.79港元，占4.37%，创新业务收入43.09亿港元，占0.68%。主要收入来自核心商业和云计算等三项，核心商业一直以来都是公司的主基地，近年的财报显示核心商业营业收入占比超八成。净利润占营业收入的比重为29.40%。2021年6月末，阿里巴巴营业收入为2475.00亿港元，同比增长46.72%；实现归母净利润542.90亿港元，同比增长4.00%；每股收益2.50港元，同比增长3.20%。公司主要指标良好，综合盈利能力优秀，综合成长能力优秀。截至2021年12月28日的60天内有22个研究报告对其进行了评级，以买入为主。

不过，阿里巴巴被监管约谈的社会影响还未完全消化，2021年8月阿里巴巴内部人员负面舆情又出，使公司股价再次承压，一路走低探底，而投资价值则逐渐显现。2021年12月28日，阿里巴巴股价报收每股113.50港元，市盈率为13.81倍，港股总市值为24615.10亿港元，详见图2-41。

图2-41 阿里巴巴股票价格（K线）走势

未来看点：截至2021年6月30日，阿里巴巴生态体系全球年度活跃消费者达到11.8亿人，较上一季度增加4500万人。中国市场年度活跃消费者达9.12亿人，以Lazada、AliExpress、Trendyol和Daraz为主的海外年度活跃消费者为2.65亿人。截至2021年6月30日的12个月中，阿里巴巴核心电商板块保持稳健增长，年度活跃消费者达到8.28亿人，移动月活跃用户单季增长1400万人至

9.39 亿人。这将有利于促进用户消费的长期增长机遇。另外，阿里巴巴还透露了有史以来最大规模回购计划，阿里巴巴董事会已授权公司将回购计划总额从 100 亿美元提升至 150 亿美元，有效期到 2022 年底，这有利于投资增强对阿里巴巴的信心。目前阿里巴巴股票市盈率为 19.77 倍，偏低，价值投资机会逐渐显现。待短期利空进一步消化后，长期看好。

风险提示：境内网络零售平台服务市场再次突发反垄断调查的风险；关联企业业务合规性问题带来股价波动的风险；突发事件与应急机制缺失的风险。

3. 小米集团 –W（01810.HK）

小米集团（Xiaomi Corporation）于 2018 年 7 月 9 日在香港联合交易所上市，总股本 252.05 亿股，董事长雷军。所属行业：资讯科技业—资讯科技器材—电讯设备与互联网，主营业务：手机、智能硬件、IoT 平台。办公地址：香港皇后大道东 183 号合和中心 54 楼，北京市海淀区安宁庄路小米科技园。小米集团是一家主要从事智能手机、物联网（IoT）和生活消费产品研发和销售业务，提供互联网服务，以及从事投资业务的中国投资控股公司。公司主要通过四个部门开展业务。智能手机部门主要从事智能手机销售业务。IoT 和生活销售产品部门主要销售其他自家产品（包括智能电视机、笔记本电脑、人工智能（AI）音箱和智能路由器）、生态链产品（包括 IoT 和其他智能硬件产品）以及部分生活消费产品。互联网服务部门提供广告服务及互联网增值服务。其他部门提供硬件产品维修服务。公司在国内市场和海外市场销售产品。

年报显示，2020 年公司实现营业收入 2930 亿港元，同比增长 19.45%；实现归母净利润 242.62 亿港元，同比增长 102.66%；每股收益 1.01 港元。从收入结构来看，2020 年智能手机销售收入为 1813.96 亿港元，占 61.90%；IoT 平台收入为 803.47 亿港元，占 27.42%；互联网服务收入为 283.14 亿港元，占 9.66%；其他收入为 29.90 港元，占 1.02%。智能手机与 IoT 平台收入是主要来源。2021 年中报显示，6 月末公司实现营业收入 1981.00 亿港元，同比增长 74.89%；实现归母净利润 193.20 亿港元，同比增长 164.36%；每股收益 0.77 港元，同比增长 152.30%。基本面上，主要指标优秀，综合盈利能力良好，综合成长能力优秀。截至 2021 年 8 月 30 日的 60 天内有 26 个研究报告对其进行了评级，以买入为主。

小米集团上市首日股价收盘 16.8 港元 / 股，之后持续稳定上行，2021 年 1 月 8 日股价最高达到 35.9 港元 / 股。之后出现技术性回撤，到 2021 年 4 月 16 日公司股价已稳定在 25 港元 / 股左右。2021 年 8 月 30 日，公司股价报收

24.85 港元 / 股,市盈率为 24.62 倍,港股总市值为 6230.44 亿港元,详见图
2-42。

图 2-42 小米集团股票价格(K 线)走势

未来看点:后期对于小米集团来讲,国内 5G 手机渗透率加速提升,其在
IoT 和海外市场奠定的优势仍然会是亮点。未来小米集团将进军智能电动汽车
市场,公司董事会已正式批准智能电动汽车业务立项,拟成立全资子公司负责
智能电动汽车业务,首期投资 100 亿元,预计未来 10 年将投资 100 亿美元。公
司经过 11 年的积累,截至 2020 年底有 1080 亿元现金结余,具有 1 万多人的研
发团队,拥有较完善的智能生态,这些因素都是小米集团进入智能电动汽车行
业的有力支撑。此项目极具战略性,因为未来新能源汽车将逐步替代燃油汽车,
新能源汽车市场十分巨大,小米集团的未来市场空间是可以预期的。

风险提示:公司 5G 手机发展不及预期的风险;中美贸易摩擦带来的风险;
海外疫情影响带来的风险。

4. 美团 -W(03690.HK)

美团(Meituan)于 2018 年 9 月 20 日在香港联合交易所上市,港股股本
61.29 亿股,公司董事长王兴。所属行业:资讯科技业—软件服务—电子商贸及
互联网服务,主营业务:生活服务电子商务平台。办公地址:香港皇后大道东
183 号合和中心 54 楼,北京市朝阳区望京东路 4 号恒基伟业大厦 B 座及 C 座。
美团是一家中国生活服务电子商务平台,连接消费者和商家,提供满足人们日
常"吃"的需求的各种服务。公司拥有即时配送服务品牌"美团外卖",并通过
其移动端提供服务。公司还拥有共享单车服务品牌"摩拜单车"。

年报显示，2020 年公司实现营业收入 1368 亿港元，同比增长 17.70%；实现归母净利润 56.12 亿港元，同比增长 110.31%；每股收益 0.97 港元。主营收入构成中，佣金收入为 884.55 亿港元，占 64.65%；其他服务及销售收入为 258.32 亿港元，占 18.88%；在线营销服务收入为 225.36 亿港元。主营业务利润率为 3.64%，净资产收益率为 4.82%。期末现金及现金等价物余额为 203.74 亿港元，现金流充沛。主要指标优秀，综合盈利能力中性，综合成长能力良好。截至 2021 年 8 月 30 日的 60 天内有 26 个研究报告对其进行了评级，以增持为主。

2020 年 4 月以来，实体经济受到疫情冲击，而互联网和外卖配送兴起，美团股价从每股 100 港元左右开始一路上行，一度达到每股 460 港元。2021 年 2 月，因涉嫌不正当竞争，被金华中院判赔偿饿了么 100 万元经济损失。受此影响，公司股价持续回调了 9 周。2021 年中报显示，6 月末公司实现营业收入 971.50 亿港元，同比增长 113.54%；实现归母净利润 -98.68 亿港元；每股收益 -1.66 港元。目前在每股 220 港元左右横盘。2021 年 8 月 30 日，公司股价报收 228.40 港元 / 股，市盈率为 237.22 倍，港股总市值为 14000.25 亿港元，详见图 2-43。

图 2-43　美团股票价格（K 线）走势

未来看点：一是外卖海量用户高频交易持续释放利润。二是抢占社区团购战略要地。三是 OTO+OTA 的体量保持行业领先，业务稳定增长。从长远来看，美团仍有很大的增长潜力，值得长期看好。

风险提示：2021 年 4 月 26 日，国家市场监督管理总局根据举报，对美团实施"二选一"等涉嫌垄断行为立案调查。10 月 8 日，国家市场监督管理总局依法对美团作出行政处罚决定，责令美团停止违法行为，全额退还独家合作保证金 12.89 亿元，并处罚款 34.42 亿元。预计此次处罚将会对股价走势形成短期影响。

5. 百度集团 –SW（09888.HK）

百度集团股份有限公司（Baidu, Inc.）于 2021 年 3 月 23 日在香港联合交易所上市，总股本 28.29 亿股，董事长李彦宏。所属行业：资讯科技业—软件服务—电子商贸及互联网服务，主营业务：拥有强大互联网基础的领先 AI 公司。办公地址：香港湾仔港湾道 26 号华润大厦 2609 室，北京市海淀区上地十街 10 号百度大厦。百度是一家中文互联网搜索服务的提供商，在其网站 www.baidu.com 上提供一个中文搜索平台，用户可通过其网站提供的链接，在线查找网页、新闻、图片、文档和多媒体文件等多种信息。公司通过百度核心业务和爱奇艺两个分部运营。百度核心业务主要提供基于搜索、信息流及其他在线营销服务，以及来自公司 AI 新领域的产品及服务。百度核心业务的产品及服务分为移动生态、百度智能云及智能驾驶与其他增长计划。爱奇艺为在线娱乐服务供应商，在其平台提供用户原创、专业制作及合作方制作的内容。

年报显示，2020 年公司实现营业收入 1276 亿港元，同比增长 –0.32%；实现归母净利润 267.84 亿港元，同比增长 992.46%；每股收益 281.94 港元。在营业收入中，百度核心业务收入为 937.83 亿港元，占 73.49%；爱奇艺收入为 354.08 亿港元，占 27.74%；公司每股净资产收益率为 12.30%；现金及现金等价物期末余额为 435.52 亿港元，现金流充沛。2021 年中报显示，6 月末公司实现营业收入 715.50 亿港元，同比增长 34.26%；实现归母净利润 301.50 亿港元，同比增长 659.34%；每股收益 10.99 港元，同比增长 670.90%。主要指标良好，综合盈利能力良好，综合成长能力一般。截至 2021 年 8 月 30 日的 60 天内有 8 个研究报告对其进行了评级，以买入为主。

上市首日开盘价较高，为每股 254 港元，最高达每股 256.60 港元，之后连续回落整理了 5 个月，2021 年 8 月 30 日，公司股价报收 151.80 港元 / 股，市盈率为 16.07 倍，港股市值为 4294.18 亿港元，详见图 2–44。

未来看点：百度作为中国最大的搜索引擎公司，已成为国人的生活助理。且公司正转型为领先的 AI 公司。主营最大收入来源——在线营销收入稳定。公司是中国云服务供应商之一，发展前景可期。短期内，广告业务随环境改善正逐步恢复；中长期，智能驾驶、智能云等 AI 业务将为公司带来发展新机遇，看好公司长期发展。

风险提示：广告竞争激烈，AI 云业务发展预期有效果差异，自动驾驶也有预期差异。

图 2-44 百度股票价格（K 线）走势

（二）新能源汽车类品种

6. 吉利汽车（00175.HK）

吉利汽车控股有限公司（Geely Automobile Holdings Limited）于 2005 年 5 月在香港联合交易所上市，总股本 98.20 亿股，董事会主席李书福，办公地址：香港湾仔港湾道 23 号鹰君中心 23 楼 2301 室。所属行业：非必需性消费—汽车—汽车，主营业务：乘用车整车及零部件的研发、生产和销售。吉利汽车是一家从事生产及销售汽车的投资控股公司。公司主要研发、制造及销售汽车，包括轿车、SUV、新能源和电气化汽车等。公司的汽车类型包括家用型、旅行型及运动型。公司的新能源和电气化汽车包括电动汽车、纯电动汽车、混合动力汽车、轻度混合动力汽车及插电式混合动力汽车。此外，公司生产和销售汽车零部件及相关汽车部件。公司也销售其知识产权许可。

年报显示，2020 年公司实现营业收入 1098 亿港元，同比增长 –5.43%；实现归母净利润 65.96 港元，同比增长 –32.43%；每股收益 0.67 港元。从收入结构看，生产和销售汽车、汽车零部件收入为 1082.28 亿港元，占 98.58%；研发及相关技术支援服务收入为 8.88 亿港元，占 0.81%；知识产权许可收入为 6.75 亿港元，占 0.61%。2021 年中报显示，6 月末公司实现营业收入 541.60 亿港元，同比增长 34.10%；实现归母净利润 28.64 亿港元，同比增长 13.67%；每股收益

0.28 港元，同比增长 4.64%。主要指标良好，综合盈利能力优秀，综合成长能力一般。截至 2021 年 8 月 30 日的 60 天内有 27 个研究报告对其进行了评级，以买入为主。

　　吉利汽车此前以生产低端汽车为主，2008 年以前公司股票的表现不尽如人意，自 2009 年起开始谋划，2010 年正式宣布收购沃尔沃汽车，公司品牌和全球布局战略显现，股价也从每股几角钱上升至每股 3 港元左右，之后一直维持和横盘至 2016 年上半年。2015 年 4 月 9 日吉利博瑞上市，进入精品车 3.0 时代。2016 年，发布吉利商用车品牌"远程"和"领克"，并进行一系列转型升级。公司股价连续 6 个季度快速上涨，2017 年末最高达到每股 28.91 港元。2018 年吉利汽车销售量为 150.08 万辆，同比增长 20%，但未能达到预定的销售目标 158万辆，股价回落。2019 年销售量为 136.15 万辆，加上受疫情影响，2020 年 3月末股价回调至每股 10 港元左右。2020 年下半年疫情得到控制，全国复工复产，公司生产得以全面展开，股价快速回升，到 2021 年 1 月 29 日最高达到每股 36.45 港元。由于 2021 年春节后大盘的剧烈波动，公司股价也回撤。2021 年 8 月 30 日，公司股价报收 26.90 港元 / 股，市盈率为 30.75 倍，港股总市值为 2641.76 亿港元，详见图 2-45。

图 2-45　吉利汽车股票价格（K 线）走势

　　未来看点：一是自 2017 年以来，吉利汽车已经连续四年夺得中国品牌乘用车销量第一，且公司转型生产新能源汽车。二是 2021 年 8 月 9 日吉利汽车与法国雷诺集团共同宣布，双方已签署备忘录（MoU），建立创新型合作伙伴关系。双方将开展深度合作，在中国市场，双方将基于吉利平台联合开发雷诺品牌混合动力车型。同时，双方还将共同开发韩国市场。

风险提示：汽车行业竞争激烈，向新能源汽车转型尚需时日，且新能源汽车的某些技术稳定性还有待提高；公司新能源汽车竞争优势不及预期的风险。

（三）食品饮料类品种

7. 中国飞鹤（06186.HK）

中国飞鹤有限公司（China Feihe Limited）于 2019 年 11 月 13 日在香港联合交易所上市，总股本 89.17 亿股，董事长冷友斌。所属行业：必需性消费—食物饮品—乳制品，主营业务：生产及销售奶粉、豆粉及相关乳制品。办公地址：香港皇后大道东 183 号合和中心 54 楼，北京市朝阳区酒仙桥路 10 号星城国际大厦 C 座 16 楼。中国飞鹤有限公司是一家主要从事生产和销售乳制品及销售营养补充剂的投资控股公司。公司的主要产品包括婴幼儿配方奶粉产品、成人奶粉、液态奶、羊奶婴幼儿配方奶粉以及少量豆粉、营养补充剂等。公司的奶粉产品系列包括超高端星飞帆、超高端臻稚有机等。公司于国内市场及美国等海外市场开展业务。

年报显示，2020 年公司实现营业收入 221.60 港元，同比增长 35.50%；实现归母净利润 88.64 亿港元，同比增长 89.01%，每股收益 0.99 港元。主营构成中，婴幼儿配方奶粉产品收入为 210.65 亿港元，占 95.06%，其他产品收入为 7.23 亿港元，占 3.26%，营养补充剂收入为 3.71 亿港元，占 1.68%。2021 年中报显示，6 月末公司实现营业收入 139.80 亿港元，同比增长 45.38%；实现归母净利润 44.98 亿港元，同比增长 48.95%；每股收益 0.50 港元，同比增长 48.55%。主要指标良好，综合盈利能力优秀，综合成长能力良好。截至 2021 年 8 月 30 日的 60 天内有 10 个研究报告对其进行了评级，以买入为主。

2019 年 11 月 13 日开盘价为每股 6.93 港元，之后经过一年多的横盘，于 2020 年 12 月启动并一路上行，2021 年 1 月 21 日股价最高达每股 25.70 港元。2021 年春节后随着大市的波动，公司股价也出现了一波回调。2021 年 8 月 30 日，公司股价报收 13.78 港元 / 股，市盈率为 13.96 倍，港股总市值为 1228.80 亿港元，详见图 2-46。

未来看点：中国飞鹤以婴幼儿奶粉为主打，这是中国的品牌奶粉，几乎是婴幼儿成长中的必需品，在中国其产品需求巨大，也是永恒的，这就奠定了公司长期发展的良好基础。公司现金流很好，2020 年末现金及现金等价物余额为 70.47 亿港元。公司前景可期、可持续。

风险提示：优质奶源的持续获得能力，突发的食品安全事件，人口出生率下降，激烈的市场同业竞争等。

图 2-46　中国飞鹤股票价格（K 线）走势

8. 蒙牛乳业（02319.HK）

中国蒙牛乳业有限公司（China Mengniu Dairy Company Limited）于 2004 年 6 月 10 日在香港联合交易所上市，总股本 39.48 亿股，董事会主席陈朗。所属行业：必需性消费—食物饮品—乳制品，主营业务：生产及销售优质乳制品，包括液态奶产品、冰淇淋、奶粉及其他产品。办公地址：香港铜锣湾告士打道 262 号中粮大厦 32 楼。蒙牛乳业是一家主要于中国从事生产及销售优质乳制品业务的投资控股公司。其产品包括液态奶产品（如乳饮料及酸奶）、冰淇淋、奶粉及其他产品（如奶酪）。公司的子公司包括蒙牛（中国）投资有限公司、中国蒙牛国际有限公司和植朴磨坊有限公司。公司通过子公司还从事生产及销售植物性饮料业务。

年报显示，2020 年公司实现营业收入 906.26 亿港元，同比增长 -3.79%；实现归母净利润 42.01 亿港元，同比增长 -14.14%；每股收益 1.07 港元。从收入结构看，液态奶产品收入为 388.15 亿港元，占 86.76%，奶粉产品收入为 27.20 亿港元，占 5.94%，其他乳制品收入为 5.45 亿港元，占 1.22%。2021 年中报显示，6 月末公司实现营业收入 552.10 亿港元，同比增长 34.10%；实现归母净利润 35.44 亿港元，同比增长 166.67%；每股收益 0.90 港元，同比增长 165.42%。主要指标优秀，综合盈利能力良好，综合成长能力一般。截至 2021 年 8 月 30 日的 60 天内有 6 个研究报告对其进行了评级，以增持为主。

上市初期，公司股价在每股 0.8 港元左右，之后一路振荡上行，2021 年 1

月 8 日，股价最高达每股 53.85 港元。春节后随大盘调整，目前在每股 40 港元左右横盘。2021 年 8 月 30 日，公司股价报收 46.20 元 / 股，市盈率为 38.53 倍，港股总市值为 1824.17 亿港元，详见图 2-47。

图 2-47　蒙牛乳业股票价格（K 线）走势

未来看点：公司属于成长逻辑比较清晰的企业，消费者对高蛋白乳制品的需求在提升，加码上游牧场布局，为低温奶下沉市场扩张做准备。公司产品是中国市场中的主要乳制品，需求潜力巨大，公司长期发展前景值得期待。

风险提示：突发事件带来的影响，食品安全问题，大股东减持股票带来的股价波动等。

（四）其他类品种

9. 中芯国际（00981.HK）

中芯国际集成电路制造有限公司（Semiconductor Manufacturing International Corporation）于 2004 年 3 月 18 日在香港联合交易所上市，港股股本 59.63 亿股，代理董事长高永岗，主要股东是大唐控股（香港）投资有限公司。所属行业：资讯科技业—半导体，主营业务：从事集成电路晶圆代工业务，以及相关的设计服务与 IP 支持、光掩膜制造、凸块加工及测试等配套服务。办公地址：香港皇后大道中 9 号 30 楼 3003 室，上海市浦东新区张江路 18 号。中芯国际是一家主要从事晶圆制造和销售的公司。公司经营两大分部。晶圆销售分部从事生产和销售晶圆，并服务于电源管理集成电路、电池管理集成电路、嵌入式微处理器、摄像头芯片、射频和无线连接、触摸控制器集成电路等产品。掩膜制造、测试及其他分部从事制造半导体掩膜和提供晶圆测试服务。公司的产品销往海内外，包括美国、欧洲和亚洲。

年报显示，2020 年公司实现营业收入 303.77 亿港元，同比增长 25.40%，实现归母净利润 55.63 亿港元，同比增长 204.90%，每股收益 0.86 港元，同比增长 175.00%。从收入区域看，内地和中国香港地区收入为 192.99 亿港元，占 63.53%，美国收入为 70.48 亿港元，占 23.20%，欧洲收入为 40.30 亿港元，占 13.27%。公司资产负债率不高，为 27.99%，现金及现金等价物期末余额为 700.88 亿港元，现金流充足。2021 年中报显示，6 月末公司实现营业收入 190.10 亿港元，同比增长 33.06%；实现归母净利润 65.75 亿港元，同比增长 319.72%；每股收益 0.85 港元，同比增长 175.56%。公司主要指标良好，综合盈利能力中等，综合成长能力优秀。截至 2021 年 8 月 30 日的 60 天内有 6 个研究报告对其进行了评级，以买入为主。

公司上市当月收盘价为每股 23.50 港元，之后一路回落至 2008 年末的每股 1.06 港元。2009—2018 年，平均股价在每股 7 港元左右。2019 年展开一波上升浪，2020 年 7 月股价最高达到 44.80 港元 / 股，之后回落至目前的 23 港元 / 股左右。2021 年 8 月 30 日，公司股价报收 24.20 元 / 股，市盈率为 28.35 倍，港股总市值为 1443.12 亿港元，详见图 2-48。

图 2-48 中芯国际股票价格（K 线）走势

未来看点：先进及成熟制程皆超预期，成熟制程需求旺盛。公司预计到 2021 年底持续满载，完成 1 万片 12 寸扩产及不低于 4.5 万片的 8 寸扩产目标。此外，公司还在深圳签署了合作协议，4 万片 12 寸产线预计 2022 年量产。

风险提示：国际市场可比竞争对手的制裁或市场突发事件带来的业绩波动风险，半导体竞争激烈带来产品价格下降从而引发业务波动的风险等。

10. 中国生物制药（01177.HK）

中国生物制药有限公司（Sino Biopharmaceutical Limited）于 2000 年 9 月 29 日在香港联合交易所上市，总股本 188.61 亿股，董事会主席谢其润。所属行业：医疗保健业—药品及生物科技—药品，主营业务：研发、生产和销售一系列中药现代制剂和西药药品。办公地址：香港湾仔港湾道 1 号会展广场办公大楼 41 楼 09 室。中国生物制药是一家主要从事药品业务的投资控股公司。公司通过三个业务分部进行运营。中药现代制剂及西药分部从事生产、销售和配销中药现代制剂产品及西药产品业务。投资分部从事长期和短期投资业务。其他分部主要从事研发活动、向第三方提供服务以及从事相关医疗及医院业务。公司还通过子公司从事持有物业、销售健康食品、验光配镜以及零售与批发视光和听力产品业务。

年报显示，2020 年公司实现营业收入 281.85 亿港元，同比增长 -2.42%，实现归母净利润 33.03 亿港元，同比增长 0.35%，每股收益 0.18 港元。收入结构中，中药现代制剂及西药收入为 147.81 亿港元，占 98.05%，其他收入为 2.94 亿港元，占 1.95%。2021 年中报显示，6 月末公司实现营业收入 172.60 亿港元，同比增长 24.44%；实现归母净利润 102.00 亿港元，同比增长 649.50%；每股收益 0.54 港元，同比增长 650.08%。市盈率为 35.98 倍，经济效益大幅提升。主要指标良好，综合盈利能力优秀，综合成长能力中性。截至 2021 年 8 月 30 日的 60 天内有 12 个研究报告对其进行了评级，以买入为主。

2012 年底以前公司股价一直在每股 1 港元以下。公司产品涉及肝病、肿瘤、呼吸、感染、消化等多个大病种领域。自 2013 年开始，多个产品销售额过亿港元，形成了"亿元产品群"，其中年销售额超过 20 亿元的有 2 个。公司股价开始持续上升，到 2018 年 5 月末，公司股价报收每股 8.65 港元。此后随着医药改革的推进，带量采购方案正式通过，药品价格下降循序渐进，直接影响股价。之后半年内公司股价回落至 2019 年 1 月末的最低每股 2.90 港元。随着公司药品降价影响的消除和药品销售市场的扩大，股价恢复上行，2021 年 8 月 30 日，公司股价报收 6.35 港元 / 股，市盈率为 36.21 倍，港股总市值为 1196.94 亿港元，详见图 2-49。

未来看点：2020 年 12 月，公司宣布向科兴中维出资 5.15 亿美元（约 40 亿港元），持有其 15.03% 的股份。科兴中维是新冠疫苗的主要制造商，由于疫苗的大量上市，公司业绩将暴增。而新冠疫苗的需求在世界范围内将是长期存在的，科兴中维生产疫苗也应是长期的，效益也是可期的，从而给中国生物制药带来丰厚的投资回报。加上公司是医药龙头企业，长期看好公司的发展前景。

风险提示：技术不稳定、临床不充分、药品价格下降等因素带来的短期风险和股票价格波动。

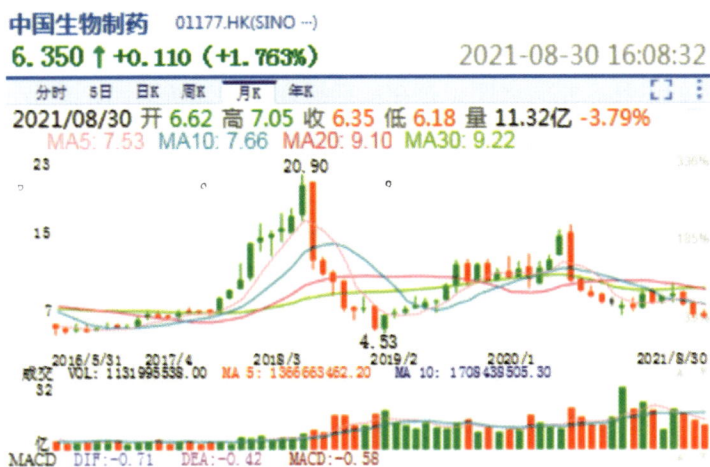

图 2-49　中国生物制药股票价格（K线）走势

11. 龙湖集团（00960.HK）

龙湖集团控股有限公司（Longfor Group Holdings Limited）于 2009 年 11 月 19 日在香港联合交易所上市，总股本 60.65 亿股，董事会主席吴亚军。公司所属行业：地产建筑业—地产—地产发展商，主营业务：物业开发、物业投资和物业管理。办公地址：香港中环都爹利街 1 号 15 楼，北京市朝阳区北苑小街 8 号北京龙湖蓝海引擎产业园。龙湖集团是一家主要从事物业业务的香港投资控股公司。公司通过三大分部运营。物业发展分部在中国发展及销售办公楼、商业物业、住宅物业及停车场。物业投资分部租赁公司发展的投资物业以赚取租金收入及物业增值收益。其投资的物业组合主要包括位于中国的零售物业，如重庆北城天街、成都三千集及北京长盈天街等。物业管理及相关服务分部主要在中国提供物业管理服务。其业务覆盖北京、成都、重庆、大连、杭州及上海等城市。

年报显示，2020 年公司实现营业收入 2200 亿港元，同比增长 22.20%；实现归母净利润 238.40 亿港元，同比增长 9.08%；每股收益 4.06 港元。收入结构中，物业发展收入为 539.32 亿港元，占 88.48%，物业投资收入为 40.05 亿港元，占 6.57%，物业管理收入为 30.19 亿港元，占 4.95%。2021 年中报显示，6 月末公司实现营业收入 729.10 亿港元，同比增长 29.96%；实现归母净利润 89.24 亿港元，同比增长 28.34%；每股收益 1.51 港元，同比增长 27.94%。主要指标表现优秀，综合盈利能力优秀，综合成长能力良好。截至 2021 年 8 月 30 日的 60 天内有 10 个研究报告对其进行了评级，以买入为主。

多年来公司坚持稳健的发展战略，依靠质量求生存。房地产一直是中国经济发展的引擎，它的发展可带动 200 多个行业的发展，正因为如此，房地产成为经济调控的工具。龙湖集团正是在前期抓住了发展机遇，尤其是近五年通过收并购、TOD、城市综合体等多种抓手拓展土地储存。2020 年公司补充土储 2567 万平方米，到年底总土储达到 7400 万平方米，其中 80% 位于一二线城市。且成本相对不高，平均每平方米土储成本为 5569 元。公司财务稳健，负债率仅为 46.5%，1 年内到期债务仅 11%，现金及现金等价物期末余额为 917.83 亿元。2016 年末公司股价仅 5.46 港元 / 股，5 年来股价持续上行，2021 年 3 月 31 日股价最高达 53.60 港元 / 股。月 K 线图呈漂亮的多头排列。2021 年 8 月 30 日，公司股价报收 35.05 港元 / 股，市盈率为 8.64 倍，港股总市值为 2126.13 亿港元，详见图 2-50。

图 2-50 龙湖集团股票价格（K 线）走势

未来看点：公司在重要地区和二线城市进行了大量土地储备，尤其在长三角地区和西部地区土地储备较多，较好地踏准了国家区域经济振兴的步伐，保持了公司长期发展对土地需求的持续性。

风险提示：房地产是近期的政策调控对象，受政策和周期性变化影响较大，近期市场整体商品房销售不及预期，由此带来业绩波动的风险。

12. 海螺水泥（00914.HK）

安徽海螺水泥股份有限公司（Anhui Conch Cement Company Limited）于 1997 年 10 月 21 日在香港联合交易所上市，总股本 52.99 亿股，董事长王诚，所属行业：地产建筑业—建筑—建筑材料，主营业务：水泥、商品熟料、骨料及混凝土的生产、销售。办公地址：香港中环康乐广场 1 号怡和大厦 40 楼，安徽省芜湖市镜湖区文化路 39 号。海螺水泥是一家主要从事水泥、商品熟料、骨料及混凝土的生产和销售业务的中国公司。公司水泥品种主要包括 32.5 级水泥、42.5 级水泥及 52.5 级水泥，产品广泛应用于铁路、公路、机场、水利工程等国家大型基础设施建设项目，以及城市房地产、水泥制品和农村市场等。公司于国内市场及海外市场销售产品。

年报显示，2020 年公司实现营业收入 2087.15 亿港元，同比增长 12.23%；实现归母净利润 416.42 亿港元，同比增长 4.56%，每股收益 7.86 港元，同比增长 4.57%。2021 年第一季度，公司实现营业收入 404.68 亿港元，同比增长 48.76%，实现归母净利润 68.79 亿港元，同比增长 18.22%，每股收益 1.30 港元，同比增长 18.28%。收入结构中，2020 年销售熟料及水泥制品收入为 1265.74 亿港元，占 60.65%，销售材料及其他产品收入为 486.33 亿港元，占 23.30%，其他材料贸易收入为 327.73 亿港元，占 15.70%，服务收入为 7.27 亿港元，占 0.35%。2021 年中报显示，6 月末公司实现营业收入 967.40 亿港元，同比增长 19.17%；实现归母净利润 180.00 亿港元，同比增长 2.03%；每股收益 3.39 港元，同比增长 1.71%，发展势头强劲。公司主要指标优秀，综合盈利能力优秀，综合成长能力良好。截至 2021 年 8 月 30 日的 60 天内有 2 个研究报告对其进行了评级，以买入为主。

2016 年以前，公司股价基本在每股 20 港元以下运行。2016 年，在供给侧结构性改革主导下水泥行业景气度提升。从需求端来看，下游地产需求回暖，房屋新开工面积回升，地产行业去库存效果明显。从供给端来看，水泥行业合并重组与落后产能淘汰提升了公司利润空间，水泥价格强劲反弹。这催生了公司股票的牛市行情，股价从 2016 年 2 月 29 日的每股 8.78 港元一路上行，到 2020 年 8 月 31 日一度达到每股 62.05 港元，之后有所回落，2021 年 8 月 30 日，公司股价报收 40.00 港元/股，市盈率为 5.06 倍，港股总市值为 519.84 亿港元，详见图 2-51。

未来看点："十四五"规划和 2035 年远景目标纲要，给公司长足发展带来了巨大的市场商机。有理由长期看好公司的成长。

风险提示：经济发展速度的调控和房地产行业的调控可能带来阶段性股价波动风险。

图 2-51　海螺水泥股票价格（K线）走势

13. 福耀玻璃（03606.HK）

福耀玻璃工业集团股份有限公司（Fuyao Glass Industry Group Co., Ltd.）于 2015 年 3 月 31 日在香港联合交易所上市，总股本 26.10 亿股，董事长曹德旺。主要股东：三益发展有限公司。所属行业：非必需性消费—汽车—汽车零件，主营业务：汽车级浮法玻璃、汽车玻璃的设计、生产、销售及服务。办公地址：香港中环干诺道 200 号信德中心西座 1907 室，福建省福州市福清市福耀工业村 11 区。福耀玻璃是一家主要从事浮法玻璃及汽车玻璃生产和销售的中国公司。公司主要提供汽车玻璃（包括镀膜玻璃等，用于客车、公共汽车以及轿车）以及浮法玻璃。公司还提供玻璃安装和售后服务。公司于国内市场及海外市场销售产品。

年报显示，2020 年，受疫情影响，公司实现归母净利润 30.79 亿港元，同比增长 -10.27%，每股收益 1.24 港元。但 2021 年第一季度，公司迅速扭转态势，实现营业收入 67 亿港元，同比增长 36.98%；实现归母净利润 10.13 亿港元，同比增长 85.94%；每股收益 0.40 港元。2021 年中报显示，6 月末公司实现营业收入 138.80 亿港元，同比增长 55.85%；实现归母净利润 21.28 亿港元，同比增长 101.27%；每股收益 0.84 港元，同比增长 101.98%。从收入结构来看，汽车玻璃销售收入占比超过 80%，业务非常健康。主要指标表现优秀，综合盈利能力优秀，综合成长能力中等。截至 2021 年 8 月 30 日的 60 天内有 2 个研究报告对其进行了评级，以买入为主。

2015 年 3 月公司上市时股价为 14.197 港元 / 股，之后逐步上行，尤其 2020 年 4 月至 2021 年 4 月，股价从 16.280 港元 / 股快速上涨，2021 年 2 月最高达到 68.900 港元 / 股。春节后随大盘的波动，公司股价也随着回撤至 42 港元 / 股进行横盘。2021 年 8 月 30 日，公司股价报收 48.25 港元 / 股，市盈率为 39.01 倍，港股总市值为 292.76 亿港元，详见图 2-52。

图 2-52 福耀玻璃股票价格（K 线）走势

未来看点：随着燃油汽车逐渐被新能源汽车代替，汽车玻璃的设计、生产等需求量巨大，给公司带来了可持续发展空间。

风险提示：市场需求释放需要时间，可能带来周期性波动风险；市场竞争和突发事件会带来股价波动风险。

三、美国资本市场掘金

（一）金融投资类品种

1. 伯克希尔·哈撒韦公司（NYSE:BRK.A Berkshire Hathaway；NYSE:BRK.B Berkshire Hathaway）

伯克希尔·哈撒韦公司（Berkshire Hathaway）是一家主营保险业务，在其他许多领域也有商业活动的公司。其中最主要的业务是保险和再保险。办公地址：美国内布拉斯加州奥马哈市基维特广场。公司最初是由位于马萨诸塞州新贝德福德地区的哈撒韦和位于新英格兰地区的伯克希尔两家纺织公司合并而成的。说起伯克希尔·哈撒韦公司就不能不用一点时间讲一讲公司的主人翁——

"股神"巴菲特。巴菲特从小就对投资企业和股票表现出惊人的天赋和热爱，1941 年，11 岁的巴菲特用积攒下来的零花钱 120 美元，与姐姐多丽丝合资，购买了 6 股城市服务公司的优先股。他自己持有 3 股，成本为 114.75 美元。不久，这只股票便由 38.25 美元 / 股跌到 27 美元 / 股。巴菲特此时十分内疚，因为是自己说服姐姐多丽丝投资的。幸运的是，城市服务公司的股价后来又反弹到了 40 美元 / 股，巴菲特终于可以获利卖出了，最终每股赚了 1.75 美元。从此，巴菲特开启了学习—投资—管理—再投资的投资生涯。17 岁时，巴菲特在宾夕法尼亚大学沃顿商学院学习，1950 年又转学到哥伦比亚商学院，追随《聪明的投资者》作者本杰明·格雷厄姆学习钻研投资，并阅读了大量经营管理和投资方面的书籍。大学毕业后巴菲特一直致力于研究和投资股票，随着经验的日渐丰富，他的身价也一直在提高，最终成为"股神"。

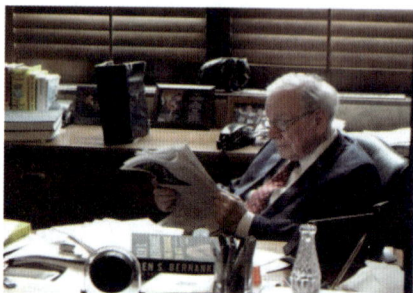

20 世纪 50 年代末纺织行业越来越不景气，同时又面临南方廉价劳工的竞争，伯克希尔·哈撒韦公司在 1955 年以后经营业绩持续下滑，到了 1962 年公司已亏损 220 万美元，股价跌到 8 美元 / 股以下，公司市值不足 1300 万美元。此时巴菲特通过巴菲特合伙公司出手买了一些股票，此后又陆续大量买进。1965 年，巴菲特合伙公司持有该公司总股本 1017547 股中的 392633 股，以 38.6% 的持股控制了伯克希尔·哈撒韦公司。当时公司总市值约为 1800 万美元。巴菲特通过 8 个措施对伯克希尔·哈撒韦公司进行了重组。一是抓媒体，宣传公司的重组工作；二是做好授权管理工作；三是落实激励措施；四是关注资本回报；五是释放现金；六是及时发现问题解决问题；七是发现和使用人才；八是唯一的资本配置者。他决定不在纺织业上投钱了，要寻找新的投资方向。于是，伯克希尔·哈撒韦公司以 860 万美元买下了国民赔偿保险公司，通过国民赔偿保险公司收取大量保费再进行投资。1969 年，伊利诺伊州经营管理良好的罗克福德银行的主人尤金·阿贝格拟出售该银行。伯克希尔·哈撒韦公司果断地贷款 1000 万美元，以 1550 万美元总价买下了罗克福德银行 97.7% 的

股份。这次收购非常成功，在完成收购后的五年半时间里，这家银行支付给伯克希尔·哈撒韦公司的分红达 2000 万美元，已超过了当年的收购价。此外，这家银行的特许经营权随着时间的推移而日益增值。伯克希尔·哈撒韦公司的股票价格也因成功的投资收购和经营管理而一路上涨，1980 年末股价已达 425 美元 / 股。之后，伯克希尔·哈撒韦公司进行了一个又一个成功的收购行动，变身为控股公司王国，包括蓝筹印花公司、喜诗糖果、华盛顿邮报、韦斯科金融公司等。自 20 世纪 80 年代以来，随着美国经济的发展，伯克希尔·哈撒韦公司旗下的公司市场快速扩张，业务快速扩大，盈利持续上升，股价也快速上涨，1996 年，伯克希尔·哈撒韦公司股价已冲破 10 万美元 / 股大关。这样高的价格既不适合普通股民投资，也不利于股东进行股票赠送。在美国资本市场，为了保证股票的流通性，当一只股票的价格达到一定程度时，券商会劝公司拆股，一般保持股价在 10 ~ 500 美元 / 股之间，以方便普通投资人购买。拆股后股本增加，每股价格相应降低，整个市值不变，却方便普通投资人购买。巴菲特却一直不拆股，他不希望投机者们利用 BRK 赚快钱。最终，伯克希尔·哈撒韦公司给出了解决方案，原股票改名为 BRK-A，新发行 BRK-B 股票。1996 年，伯克希尔·哈撒韦公司发行 BRK-B 股票，价格为 BRK-A 的 1/30。1 股伯克希尔·哈撒韦 A 股（BRK-A）可以转换成 30 股伯克希尔·哈撒韦 B 股（BRK-B），但反过来不行。2010 年，BRK-B 股又进行了拆分，1 拆 50。这样 BRK-A 和 BRK-B 对应的乘数为 1500 倍，而 10000 股 BRK-B 才相当于 1 股 BRK-A 的投票权。持有 BRK-B 也可以参加股东大会。2017 年，伯克希尔·哈撒韦公司又大胆投资苹果公司，2020 年末，伯克希尔·哈撒韦公司持有苹果公司 6% 的股票，约 8.87 亿股，期末价值约 1177 亿美元，占其美股投资组合市值的 43.6% 左右。苹果公司仍是巴菲特持仓规模最大的美股公司。21 世纪前 20 年是伯克希尔·哈撒韦公司大发展的黄金 20 年。

目前 BRK-A 总股本为 150.70 万股，每股净资产为 29.36 万美元。长期以来公司股价持续攀升，不过，2020 年受新冠肺炎疫情影响，公司实现营业收入 2862.56 亿美元，同比增长 -12.52%，实现净利润 432.53 亿美元，同比增长 -47.12%，股价也相应出现了一波快速回调。之后在美国经济政策刺激下，公司很快扭转局面，股价也同时反转上升。2021 年中报显示，公司实现营业收入 1668.07 亿美元，同比上涨 89.74%；实现净利润 402.65 亿美元，同比增长 272.89%；每股收益 2.61 万美元，同比上涨 279.85%。2021 年 9 月 3 日，公司股价报收 424201.00 美元 / 股，市盈率为 6.23 倍，总市值为 6392.91 亿美元，详见图 2-53。

图 2-53　伯克希尔·哈撒韦（A）公司股票价格（K线）走势

目前 BRK-B 总股本为 22.61 亿股。2020 年受新冠肺炎疫情影响，股价进行了一波快速回调，之后在美国经济政策刺激下又反转上升。财报显示，2021 年 6 月末公司实现的营业收入、净利润、每股收益以及同比上涨百分比等与 BRK-A 相同。2021 年 9 月 3 日，公司股价报收 281.89 美元 / 股，市盈率（PE）为 6.21 倍，总市值为 6372.33 亿美元，详见图 2-54。

图 2-54　伯克希尔·哈撒韦（B）公司股票价格（K线）走势

未来看点：伯克希尔·哈撒韦公司持有珠宝经销连锁店、糖果公司、飞安国际公司、鞋业公司等的股份，同时还持有美国运通、可口可乐、华盛顿邮报、富国银行以及中美洲能源公司的部分股权，每年的投资收益十分丰厚，相当于众多优秀公司在给伯克希尔·哈撒韦公司打工。

风险提示：美国疫情反复，难以控制，会对伯克希尔·哈撒韦公司，以及其所持有股权的众多公司造成冲击。

（二）网络科技类品种

2. 苹果公司（NASDAQ: AAPL Apple, Inc.）

苹果公司（Apple, Inc.）是美国一家设计、生产和销售个人电脑、便携式数字音乐播放器和移动通信工具、各种相关软件、辅助设施、外围设备和网络产品等的高科技公司。由史蒂夫·乔布斯、斯蒂夫·盖瑞·沃兹尼亚克和罗纳德·杰拉尔德·韦恩等人于1976年4月1日创立，并命名为美国苹果电脑公司（Apple Computer Inc.），总部位于加利福尼亚州的库比蒂诺。经营范围为电脑硬件、电脑软件、消费电子产品、数字发布、零售等。同年5月乔布斯以每部500美元的价格成功销售出50部 Apple I，这是公司成立后的首张销售单，乔布斯等几位创始人备受鼓舞。1977年1月，苹果电脑公司正式注册为"苹果电脑公司"。同年，斯蒂夫·盖瑞·沃兹尼亚克成功设计出更先进的 Apple Ⅱ。苹果公司通过贷款25万美元来扩大生产，同年4月，苹果公司在首届西岸电脑展览会上推出 Apple Ⅱ，这是人类历史上第一台个人计算机。Apple Ⅱ在20世纪80年代售出几百万台，还拥有多种改良型号，包括 lle 和 llgs，此两款计算机一直运用到20世纪90年代末，成为个人计算机的代表作。1980年12月12日，苹果公司在 NASDAQ 证券交易所公开招股上市，在1个小时内，460万股被抢购一空，当日以每股29美元收市。此后，在竞争中苹果公司不断研制新产品。1984年1月24日，Apple Macintosh 发布，该计算机配有全新的操作系统，受到了市场追捧，人们争相购买，苹果电脑的市场份额不断上升。1985年，乔布斯获得由里根总统授予的国家级技术勋章。之后，由于市场竞争和公司内部意见分歧，苹果公司经历了困境，并撤销了乔布斯的经营大权。乔布斯卖掉自己在苹果公司的股权，辞去职务，另创建了 NeXTComputer 公司。不久，Windows95 系统诞生，导致苹果电脑的市场份额快速下滑。1997年，苹果公司收购了乔布斯创办的 NeXTComputer 公司，乔布斯再次回到苹果公司担任董事长，进行了一系列产品创新。2001年5月，苹果宣布开设零售店。起初仅在美国开店，后来开到了日本、欧洲、中国等。此举抑制了市场份额下滑，还改善了代销商欠佳的销售策略。2007年1月9日更名为苹果公司，此后电脑产品不断推陈出新，设计精美，体积超薄，功能强大，市场也随之扩大。2010年苹果推出 iPad，6月7日，苹果发布第四代 iPhone 手机，型号为 iPhone 4。

乔布斯手持iPhone4

2011 年推出 iPad 2，并开始在中国零售点销售，销量的增加带来盈利的增加。从这一年开始，蒂姆·库克接替乔布斯担任苹果公司 CEO。2012 年，苹果公司股票创下 6235 亿美元的市值纪录。同年，苹果公司以 5 亿美元收购了以色列存储器制造商 Anobit，同时在当地设立研发中心，4 月，苹果公司股票以超过 5200 亿美元的市值坐上了世界第一的位置。2014 年苹果公司股价上冲到每股 600 美元以上，尔后按 1：7 的比例对股票进行了拆分。之后苹果手机每 1~2 年便会更新换代，直到今天的 iPhone 13。公司竞争力越来越强，股价和市值直线上升。2020 年 8 月 19 日，苹果公司市值首次突破 2 万亿美元，股价上涨至每股 385 美元，于是又按 1：4 的比例进行了拆分（自上市以来先后 5 次拆股），拆分后每股 96.25 美元，目前总股本为 165.30 亿股。之后股价仍然持续上升，尤其近 5 年，随着苹果公司的全球布局，盈利增加较快。

财报显示，2021 年 6 月末公司实现营业收入 2824.57 亿美元，同比增长 34.62%；实现净利润 741.29 亿美元，同比增长 65.70%；每股收益 4.42 美元，同比上涨 72.66%。在业绩牵引下公司股票价格持续上涨，2021 年 9 月 3 日，公司股价报收 154.30 美元 / 股，市盈率为 29.90 倍，总市值为 25506.05 亿美元，详见图 2-55。

未来看点：一是苹果产品在大中华区销售强劲，2021 年第二季度末，苹果在大中华区出货量为 940 万台，同比增长 29%。二是 iPhone 12Pro 和 12ProMax 在中国市场销售表现强劲。三是服务付费订阅用户超 7 亿人，同比增加 1.5 亿人，增长 27.27%。四是苹果公司的捆绑销售策略将不断提升付费用户数量，其软件服务的货币化速度正处于高速增长期，将成为公司收入的主要增长动力。

风险提示：疫情的反复和难以控制，将对苹果公司业务造成冲击；新产品生产的风险；因贸易摩擦导致需求低于预期的风险。

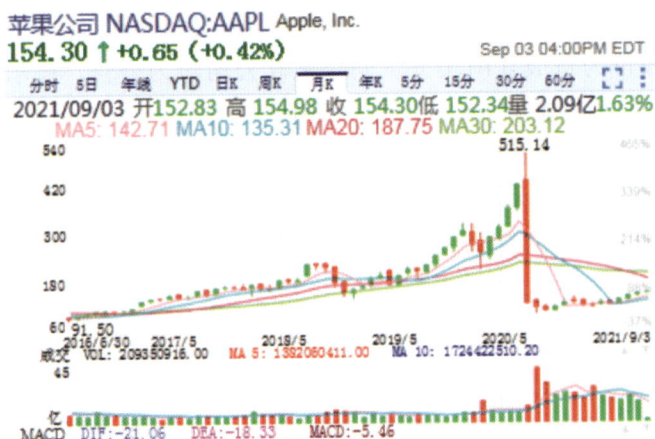

图 2-55 苹果公司股票价格（K 线）走势

3. 微软公司（NASDAQ: MSFT Microsoft Corp.）

微软公司（Microsoft Corp.）是美国一家跨国科技公司，也是世界 PC（Personal Computer）软件开发的先导，还是全球领先的个人及商务软件开发商，公司旨在通过软件和服务帮助用户实现信息交流和数字生活管理，丰富商务应用和娱乐体验，使个人和企业充分发挥潜力。公司由比尔·盖茨与保罗·艾伦创办于 1975 年 4 月 4 日，公司总部设在华盛顿州的雷德蒙德，开发 PC 的编程软件，以销售 BASIC 解释器为主。1980 年，IBM 公司选中微软公司为其新 PC 机编写关键的操作系统软件。这是微软公司一个重大的转折点。微软公司以 5 万美元的价格从西雅图的一位程序编制者帕特森（Tim Paterson）手中买下了一个操作系统 QDOS 的使用权，在进行部分改写后提供给 IBM，并将其命名为 Microsoft DOS（Disk Operating System，磁盘操作系统）。IBM–PC 机的普及使 Microsoft DOS 取得了巨大的成功。1983 年，微软公司与 IBM 签订合同，为 IBM PC 提供 BASIC 解释器和操作系统。到 1984 年，微软公司的销售额超过 1 亿美元。随后，微软公司为苹果公司及无线电器材公司的计算机开发软件。1985 年开始发行 Microsoft Windows1.0，这是微软公司对个人电脑操作平台进行用户图形界面的尝试。

1986 年 3 月 13 日， 微软公司在纳斯达克证券交易

所挂牌交易，总股本 75.15 亿股，其中机构持股 72.16%，内部持股 1.49%，其他 26.35%，股价为每股 0.10 美元。同年微软公司转为公营，比尔·盖茨保留 45% 的股权，这使他成为 1987 年 PC 产业中第一位亿万富翁。随着微软公司的日益壮大，其与 IBM、苹果公司在许多方面成了竞争对手，1991 年，IBM、苹果公司解除了与微软公司的合作关系。1992 年，微软公司买进 Fox 公司，迈进了数据库软件市场。1995 年 8 月 24 日，微软推出了在线服务 MSN（Microsoft Network 微软网络）。MSN 成为美国在线的直接竞争者。1995—1999 年，微软公司在中国相继成立了微软中国研究开发中心、微软全球技术支持中心和微软亚洲研究院三大世界级科研机构，快速拓展中国市场。1999 年 12 月 31 日，微软公司股票价格由 1994 年底的每股 61.13 美元上涨到每股 116.75 美元收盘。当年股价最高到了每股 180.38 美元，公司也创下了 1.35 万亿美元的上市公司最高市值纪录。也正是这时，1999 年，美国 19 州和司法部起诉微软公司违背反垄断法《谢尔曼法》。美媒和政府不断讨论拆分微软公司的可能性。2000 年 4 月 4 日，法庭宣判微软公司违反了反垄断法，要将其一分为二。此后，微软公司以法官的司法公正性有问题提出上诉，最终艰难地逃过一劫。但受反垄断官司影响，2000 年微软股价下跌了 62.84%，报收 43.38 美元 / 股。此后公司股价持续走低，2003 年至 2011 年公司股价以 25 美元 / 股为中轴上下波动，2011 年底公司股价报收 25.96 美元 / 股，详见图 2-56。

图 2-56　微软公司股票价格（K 线）走势

2011 年 5 月 10 日，微软公司宣布以 85 亿美元收购 Skype，这使微软公司吸引了更多互联网客户，并在互联网广告市场缩小了与谷歌之间的差距。2013

年，微软公司宣布以 54.4 亿欧元（约 71.7 亿美元）收购诺基亚手机业务及其大批专利授权。交易完成后，3.2 万名诺基亚员工加入微软，使微软员工总数达到 12 万多人。2015 年推出 Windows 10 和 Office 2016。并与 360、联想公司合作，为中国用户免费升级 Windows 10。2016 年 6 月 1 日，微软与小米达成全球合作伙伴关系。同年，微软公司以 262 亿美元收购 Linkedln 公司全部股权。2018 年 7 月 16 日，微软与通用电气合作，将运营技术与信息技术结合起来，以消除工业企业在推进数字化转型上所面临的障碍。2020 年 1 月 14 日，微软对 Windows 7 终止支持，使消费者升级使用 Windows 10 系统。目前微软公司以研发、制造、授权和提供广泛的电脑软件服务业务为主，其最著名的产品为 Microsoft Windows 操作系统和 Microsoft Office 系列软件。福布斯发布的 2020 年全球品牌价值 100 强中，微软公司排名第 3 位。自 2011 年至今，微软公司所进行的一系列收购、合作、扩张取得了巨大成功，使自己稳坐全球最大的电脑软件供应商宝座，公司 2020 财年实现净利润 442.81 亿美元，同比增长 12.85%。2020 年上半年新冠肺炎疫情蔓延时，比尔及梅琳达·盖茨基金会还给中国抗疫捐赠了 10 亿美元。财报显示，2021 年 6 月末公司实现营业收入 1680.88 亿美元，同比增长 17.53%；实现净利润 612.71 亿美元，同比增长 38.37%；每股收益 8.12 美元，同比增长 39.52%。由于有良好的业绩支撑和强大的品牌效应，微软公司股票价格长期以来持续稳步走高，2021 年 9 月 3 日，公司股价报收 301.14 美元 / 股，市盈率为 37.09 倍，总市值为 22630.34 亿美元，详见图 2-57。

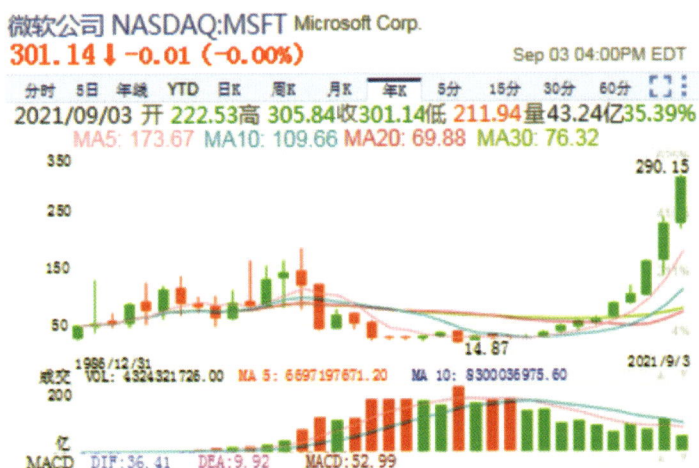

图 2-57　微软公司股票价格（K 线）走势

未来看点：一是公司将资源和重心聚集在云计算上，打造云平台和云办公体系，通过自助式按需付费模式，激活更多付费用户，同时为公司带来长远现金流。二是拓展云游戏全新领域，占尽先机。三是投资自动驾驶初创公司Cruise，布局汽车智能化领域。

风险提示：云计算发展不如预期的风险；企业上云不及预期的风险；反垄断及其他政策风险；产品销售不及预期的风险。

4. 谷歌公司（NASDAQ:GOOG Alphabet, Inc.）

谷歌公司（Alphabet, Inc.）成立于1998年9月，创始人拉里·佩奇和·谢尔盖·布林，办公地址：美国加利福尼亚州山景城。公司从事网站索引和其他网络内容的相关业务，通过上网任何人均可免费获得相关信息。通过网络索引，公司的自动搜索技术可帮助用户即刻获得所搜寻的相关信息。企业可通过谷歌的广告关键词业务推销自己的产品和服务，此外，作为谷歌网络组成部分的数千家第三方网站可以利用谷歌的企业广告联盟业务发布自己的相关广告。谷歌的收入主要来自发布网络广告。谷歌于2007年和2008年分别收购了邮件安全公司Postini Inc和网络广告公司DoubleClick。谷歌的具体业务包括谷歌网页搜索、谷歌图片搜索、谷歌金融、谷歌文档、谷歌用户群、谷歌桌面、谷歌工具栏、谷歌地球、谷歌检验、谷歌移动、谷歌实验室、谷歌广告关键词、谷歌广告联盟、谷歌企业、谷歌企业应用套件等。谷歌共有三类普通股：A类普通股（GOOGL）、B类普通股（不在交易所交易）、C类普通股（GOOG），其中，C类普通股享受和A类及B类普通股相同的权益，唯一的区别是C类普通股没有投票权，而A类普通股每股1个投票权，B类普通股每股10个投票权。2006年10月，谷歌以16.5亿美元收购了视频网站YouTube。2008年9月7日，谷歌卫星升空，为公司提供50厘米分辨率的高清照片。之后公司又进行了两次大的收购与重组，成为美国最大的搜索引擎公司。

从财务指标看，2020年，谷歌实现营业总收入1825.27亿美元，同比增长12.77%；实现净利润402.69亿美元，同比增长17.26%；每股收益59.15美元，同比增长19.28%。2021年业绩持续向好，中报显示，公司实现营业收入1171.94亿美元，同比增长47.50%；实现净利润364.55亿美元，同比大幅增长164.26%；每股收益54.32美元，同比大幅增长169.44%。2021年上半年收入中，广告收入为951.28亿美元，占81.17%；谷歌云收入为86.75亿美元，占7.40%；其他收入为133.91亿美元，占11.43%。主营业务和收入突出，经营正常。

谷歌公司于 2004 年 8 月 19 日在纳斯达克证券交易所上市，总股本 6.67 亿股，当时股价为每股 30 多美元，市值 230 多亿美元，公司年化收益 27 亿美元，利润为 2.68 亿美元。上市以来，公司稳健经营，并积极进行有效的并购、重组，业绩持续稳步上行。受公司业绩向好的牵引，股价也节节攀升，2021 年 9 月 3 日，公司股价报收 2895.50 美元 / 股，市盈率为 30.99 倍，总市值为 19305.89 亿美元，比当初增长了 80 多倍，详见图 2-58。

图 2-58　谷歌公司股票价格（K 线）走势

未来看点：作为全球在线搜索巨头，公司传统业务地位稳固，且 YouTube、云计算、Android 等业务正持续打开成长空间。云计算业务的持续加码、信息披露质量的持续改善、股票回购额度的不断增加等，有望对公司股价形成长期支撑。另外，福特汽车旗下的电动滑板车公司 Spin 宣布与谷歌地图进行全球整合，这对强化公司的市场布局和提升公司的竞争力都是利好。

风险提示：行业竞争加剧的风险；关键技术人才流失的风险；反垄断政策和用户隐私保护政策收紧的风险；较多投入新业务，短期内致使公司利润率下移的风险。

5. 亚马逊公司（NASDAQ:AMZN Amazon.com, Inc.）

亚马逊公司（Amazon.com, Inc.）是美国最大的网络电子商务公司，1995 年 7 月 16 日由杰夫·贝佐斯（Jeff Bezos）成立，一开始叫 Cadabra，性质是基本的网络书店。然而具有远见的贝佐斯看到了网络的潜力和特色，当实体的大型书店提供 20 万本书时，网络书店能够提供比 20 万本书更多的选择给读者。因此，贝佐斯将 Cadabra 以地球上孕育多种生物的亚马孙河重新命名，于 1995

年 7 月重新开张。办公地址：华盛顿州西雅图。亚马逊公司是网络上最早开始经营电子商务的公司之一。公司业务主要为营运零售网站，这些网站可以帮助用户找到任何想要在网上购买的商品。公司的零售网站包括 www.amazon.de，www.amazon.fr，www.amazon.co.jp，www.amazon.co.uk，the Joyo Amazon Websites at www.joyo.cn 和 www.amazon.cn。公司的业务分为两大区域：北美和全球。北美区域包括 www.amazon.com，www.amazon.ca，www.shopbop.com 和 www.endless.com；全球区域包括 www.amazon.co.uk，www.amazon.de，www.amazon.co.jp 和 www.amazon.fr。公司稳健发展业务，到 2004 年亚马逊的纯利已达 3 亿多美元。2008 年 3 月，亚马逊公司宣布完成收购 Audible 公司。2011 年 10 月，亚马逊将在中国的卓越亚马逊正式更名为亚马逊中国，同时启用了为中国消费者量身定做的世界最短域名 z 点 cn，帮助消费者更快、更便捷地访问亚马逊中国网站，也大大便利了移动设备用户的访问。亚马逊中国发展迅速，每年都保持了高速增长，用户数量也大幅增加。已拥有 28 大类近 600 万种产品。亚马逊公司朝着多元化的产品销售发展，具体业务为购进并销售包括数字媒体在内的多个种类的各样产品。此外，还设计、制造、推销和销售无线电子书阅读器 Amazon Kindle。公司旗下的各网站可以销售数百万种产品，通过第三方网站销售的产品种类包括书籍、电影、音乐、游戏、数字下载、电子产品、电脑、住宅和花园、食品杂货、玩具、服装、鞋子、珠宝、健康美容产品、运动器材、汽车等。

从财务指标看，2020 年，亚马逊公司实现营业总收入 3860.64 亿美元，同比增长 37.62%；实现净利润 213.31 亿美元，同比增长 84.08%；每股收益 42.64 美元，同比大幅增长 81.76%。2021 年业绩持续增长，中报显示，公司实现营业收入 2215.98 亿美元，同比增长 34.82%；实现净利润 158.85 亿美元，同比大幅增长 104.23%；每股收益 31.49 美元，同比大幅增长 101.99%。

公司于 1997 年 5 月 15 日在纳斯达克证券交易所上市，总股本 5.06 亿股。上市以来公司业务向全球拓展，业绩稳步上升，受公司业绩向好的牵引，股价也从上市时的每股 18 美元逐步上行，2021 年 9 月 3 日，公司股价报收 3478.05 美元 / 股，市盈率为 59.44 倍，总市值为 17614.25 亿美元，详见图 2-59。

未来看点：一是公司电商和云计算两大业务仍处于高速发展阶段，且在各自领域龙头地位稳固，财务杠杆效应明显。二是受疫情影响，全社会经济生产与生活加速向线上转移，长期利好。三是贝索斯离任董事长后专注发展公司第三曲线，目前公司已在电动汽车、医疗等领域进行布局。

风险提示：全球经济衰退对消费带来负面影响的风险；公司员工多，因疫情反复导致员工大规模感染而影响工作的风险。

图 2-59 亚马逊公司股票价格（K 线）走势

（三）新能源汽车类品种

6. 特斯拉汽车（NASDAQ: TSLA Tesla, Inc.）

特斯拉汽车（Tesla, Inc.）是美国一家电动汽车及能源公司，专业设计、开发、生产和销售电动汽车和先进电动汽车的动力总成零部件，拥有自己的销售和服务网络。特斯拉目前从事符合美国联邦标准的电动车——特斯拉跑车和S型电动车的商业化生产。此外，除了发展未来的整车制造能力外，公司还为自己和原始设备制造商（OEM）设计、开发和生产锂电池组、电动机、变速箱和组件。公司还提供电动车的总成零部件服务，并向其他汽车制造商销售这些零部件。公司已为戴姆勒公司的 Smart Fortwo 和 A 级电动车提供相关服务及部件。此外，公司还从戴姆勒处获得了为梅赛德斯—奔驰汽车开发动力系统的初步采购订单。

公司于 2003 年 7 月 1 日由马丁·艾伯哈德和马克·塔彭宁共同创立,总股本 10.02 亿股。办公地址:美国加州 Palo Alto 鹿溪路 3500 号。特斯拉汽车公司最初的新能源汽车创立团队来自硅谷,用 IT 理念来造汽车,而不是传统汽车厂商思想。因此,特斯拉造电动车,被看作是硅谷小子大战底特律巨头。特斯拉生产的是清洁能源汽车,绿色环保,所以一开始便引起社会和消费者的关注。但由于其续航能力有限,一开始还处于概念状态,销量尚未打开。2004 年 2 月,埃隆·马斯克向特斯拉投资 630 万美元,条件是出任公司董事长,并拥有所有事务的最终决定权,而创始人马丁·艾伯哈德任 CEO。一路走来,公司遇到了不少技术问题,如变速箱问题、成本控制问题,公司内部高层人事也发生了变动。2008 年 10 月,第一批 Tesla Roadster 下线交付。但原计划售价为 10 万美元,而成本却高达 12 万美元,与既定的 7 万美元成本相差甚远,公司不得不将售价提高到 11 万美元,结果引来预定客户的极大不满。后来又进行技术改造,并引进战略投资者等才得以渡过难关。2009 年,奥巴马参观了特斯拉汽车公司工厂,特斯拉也成功获得美国能源部 4.65 亿美元低息贷款。2010 年 6 月,特斯拉在纳斯达克证券交易所上市,IPO 发行价为每股 17 美元,净募集资金 1.84 亿美元,成为仅有的一家在美国上市的纯电动车制造商。但由于业绩尚不明朗,此时特斯拉股票价格没有好的表现。公司继续着力新产品研发,2012 年 6 月 22 日,公司生产的全新电动车系列“Model S”首辆电动跑车正式交付客户使用,这对提升公司的名气与生产能力起到了很好的积极作用。当年 10 月,公司获得加州能源委员会 1000 万美元的专项资金,用以生产特斯拉 Model X SUV 并进一步扩建其弗里蒙特(Fremont)工厂。这大大改进了公司的财务状况。2013 年 5 月,公司宣布 2013 年第一季度首次实现了盈利,一时成为全球瞩目的焦点。一个月内公司股票价格从每股 55 美元左右向每股 100 美元冲刺,上涨了 80%,市值突破 100 亿美元。2014 年 2 月,特斯拉汽车公司发布消息表示,上年度汽车销量创纪录,年营业收入超过 20 亿美元。2016 年 11 月 17 日,特斯拉汽车公司收购美国太阳能发电系统供应商 SolarCity,使公司成为全球垂直整合能源公司,向客户提供包括 Powerwall 能源墙、太阳能屋顶等清洁能源产品。这意味着公司产品已突破了能源汽车范围。2017 年 2 月 1 日,特斯拉汽车公司(Tesla Motors Inc.)正式改名特斯拉(Tesla Inc.)。2019 年 9 月 27 日,特斯拉建设(上海)有限公司在上海成立,开始拓展中国市场。并将科创中心设在北京,主要包括电动汽车及零部件、电池、储能设备及信息技术的研究、开发等。同时还在欧洲、澳大利亚、

亚洲扩大生产，同时期特斯拉入围世界品牌 500 强，位列第 81。公司股价从
2019 年 5 月末的每股 185.16 美元快速上涨，2020 年 8 月 7 日公司股价报收
1452.71 美元 / 股。2020 年 8 月 11 日，特斯拉宣布公司股票一拆五计划，"截
至 2020 年 8 月 21 日的所有在册股东所持有的每一股股票都将在 2020 年 8 月
28 日交易结束后额外获得 4 股股票，经分割调整后的股票将于 2020 年 8 月 31
日开始进行交易"，消息一出，特斯拉股票价格一飞冲天，2020 年 8 月 28 日
报收 2213.40 美元 / 股，大涨 52.36%，股价最高上冲到 2318.49 美元 / 股。分
拆后的股价为每股 442.68 美元，2020 年 8 月 31 日开盘价高开 1.93 美元，为
444.61 美元 / 股。之后，在此价位横盘两个半月，受公司拓展亚洲市场利好支
撑，自 2020 年 11 月中旬开始，股价又持续上升。

2021 年中报显示，公司实现营业收入 223.47 亿美元，同比增长 85.90%；实
现净利润 16.42 亿美元，同比大幅增长 733.50%；每股收益 1.64 美元，同比大
幅增长 1161.54%。2021 年 9 月 3 日，公司股价报收 733.57 美元 / 股，市盈率为
328.96 倍，总市值为 7348.66 亿美元，详见图 2-60。

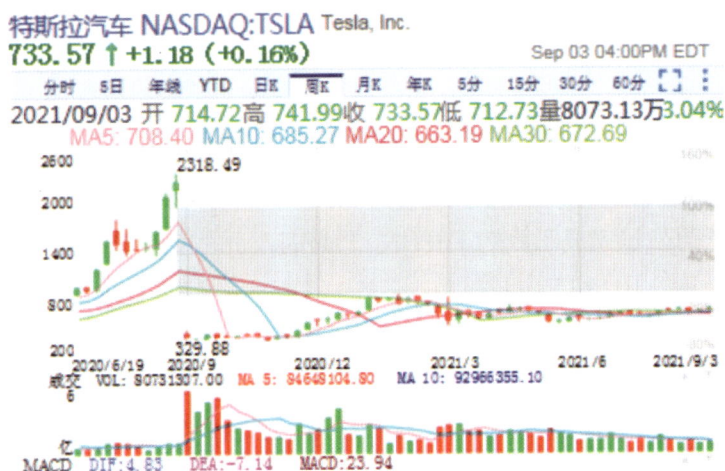

图 2-60　特斯拉汽车股票价格（K线）走势

未来看点：特斯拉在中国的市场已然打开。2020 年特斯拉销量为 49.95 万
辆，同比增长 36%。其中，中国市场全年累计销售 14.1 万辆，占 38.9%；欧洲
市场销售 8.3 万辆，占 22%；美国市场销售 8.03 万辆，占 16.08%。根据中国汽
车协会发布的消息，2021 年前三个月中国新能源乘用汽车销量为 49 万辆，同
比大幅增长 298.4%。其中，特斯拉销量为 6.93 万辆，占 14.14%，同比增长
273%。特斯拉在中国新能源汽车高端市场已经确立了明显的市场地位，中国市

场已成为特斯拉汽车的主要销售市场，未来潜力无限。世界各大基金和金融机构大量买进特斯拉股票，截至 2020 年底，爱丁堡"百年资管老店"柏基重仓持有特斯拉，是特斯拉最大的外部股东。2021 年 3 月 24 日，特斯拉宣布支持比特币付款，成为第一家支持比特币购车的车企。

风险提示：出货量不及预期的风险；新能源汽车政策不及预期的风险；扩产与新工厂初期不见效益对盈利拖累的风险；FSD/ 电池等推进不及预期的风险。

（四）生物制药类品种

7. 辉瑞制药公司（NYSE:PFE Pfizer Inc.）

辉瑞制药公司（Pfizer Inc.）于 1942 年 6 月 2 日在美国特拉华州注册成立，办公地址：美国纽约市 42 街东 235 号。董事长阿尔伯特·伯拉（Albert Bourla），目前有员工 78500 人。公司是一家研发、生产和销售人畜处方药物的跨国制药公司，涉足医药保健和动物保健两个主要业务领域，同时还经营药物胶囊生产、合同外包生产以及制药化工原料等业务。曾生产过世界销量极大的青霉素、土霉素等消炎药品，抗抑郁症的左洛复，20 世纪 90 年代生产的治疗高血压的药品络活喜，以及让辉瑞制药公司名声大振的万艾可等，给公司带来辉煌业绩，1999 年公司销售额超过 162 亿美元，达到历史最好业绩，使公司股价在 1999 年 4 月一度达到 150.13 美元 / 股。2000 年，辉瑞制药公司以 900 亿美元收购华纳·兰伯特公司，成为全球最大的制药公司。2008 年 6 月，辉瑞制药公司完成了收购 Encysive Pharmaceuticals, Inc. 全部流通股的交易，旗下的全资子公司 Explorer Acquisition Corp. 并入 Encysive。辉瑞制药公司的医药保健部门生产用于治疗心血管疾病、新陈代谢疾病、中枢神经系统紊乱疾病、关节炎和疼痛症、感染性疾病、呼吸系统疾病、泌尿系统疾病、眼科疾病和内分泌疾病等的药品，其中的著名产品包括先锋必、舒普深、希舒美、大扶康、络活喜、左洛复、瑞易宁、万艾可、西乐葆、立普妥等。2006 年 8 月，辉瑞制药公司在美国推出戒烟处方药物 Chantix/Champix，这种药物同时在 20 多个欧洲国家以及加拿大、澳大利亚、韩国、巴西和墨西哥等国销售。辉瑞制药公司的动物保健部门为保护牲畜和宠物的健康研发、生产和销售多种药物，包括驱虫剂、消炎药、抗生素、疫苗、止吐剂和减肥药物等。例如，名为 Revolution 的药物就是辉瑞制药公司动物保健部门研发的猫狗驱虫剂。针对新冠肺炎疫情的全球蔓延，辉瑞制药公司还研发生产了新冠疫苗，经过临床试验后已大量投放市场。

从财务指标看，2020 年，公司实现营业总收入 419.08 亿美元，同比增长 1.79%；实现净利润 96.52 亿美元，同比增长 –40%；每股收益 1.73 美元，同比增长 –40.75%。2021 年，受到疫苗生产的提振，业绩超预期增长，中报显示，公司实现营业收入 335.59 亿美元，同比增长 68.24%；实现净利润 104.75 亿美元，同比增长 52.70%；每股收益 1.87 美元，同比增长 52.03%。

公司于 1944 年 1 月 17 日在纽约证券交易所上市，总股本 56.07 亿股。2010 年以前，辉瑞进行了多次大型并购，股权变动，股价也相应变动。目前辉瑞制药公司的主要股东有领航集团有限公司（持股 8.13%）、贝莱德集团公司（持股 7.70%）、美国道富集团（持股 5.28%），以机构持股为主，占比为 65.84%。2010 年以来，公司对前期的并购进行整合、融合，稳健经营，业绩开始上行，受公司业绩向好的牵引，股价也从最低每股 14 美元逐步上行，2021 年 9 月 3 日，公司股价报收 46.84 美元 / 股，市盈率为 19.76 倍，总市值为 2626.17 亿美元，详见图 2-61。

图 2-61　辉瑞制药公司股票价格（K 线）走势

未来看点：全球疫情的蔓延是人类的灾难，人类急需新冠疫苗。又由于新冠肺炎疫情有与人类共生存的迹象，新冠疫苗的研究、开发、生产、销售可能是一个长期、常态化的过程。辉瑞制药公司是全球最大的生物制药公司，尤其是新冠疫苗的生产给公司带来了机遇。2021 年 7 月下旬，辉瑞制药公司将其 2021 年新冠疫苗销售额预期提高 29% 至 335 亿美元。近期，德尔塔毒株的迅速传播使美国新增新冠病例数反弹至近六个月以来的高位。估计疫苗的需求与供给将长期伴随人类。

风险提示：并购过程中财务杠杆高企、协同效应无法形成的风险；反垄断不确定性风险；疫苗生产时效不及预期的风险；创新药研发失败的风险。

（五）食物饮料类品种

8. 星巴克公司（NASDAQ:SBUX Starbucks Corp.）

星巴克公司（Starbucks Corp.）是世界领先的特种咖啡的零售商、烘焙者和品牌拥有者，也是全球最大的咖啡连锁店。旗下零售产品包括 30 多款全球顶级的咖啡豆、手工制作的浓缩咖啡、多款咖啡冷热饮料、新鲜美味的各式糕点食品以及丰富多样的咖啡机、咖啡杯等。此外，公司还通过与合资伙伴生产和销售瓶装星冰乐咖啡饮料、冰摇双份浓缩咖啡和冰淇淋，通过营销和分销协议在零售店以外的便利场所生产和销售星巴克咖啡和奶油利口酒，并不断拓展泰舒茶、星巴克音乐光盘等新的产品和品牌。公司于 1971 年成立，总部设在美国华盛顿州西雅图市。1987 年前任董事长舒尔茨先生收购星巴克，并带领星巴克跨越多座业务发展里程碑。1992 年 6 月，星巴克在纳斯达克证券交易所上市，总股本 11.79 亿股，股价为每股 0.35 美元。公司的上市迅速推动公司业务增长、品牌发展与全球布局，星巴克在美洲、欧洲、中东和亚太地区 39 个国家拥有超过 13000 家咖啡店，拥有员工 34.9 万人。一直以来，公司致力于为顾客提供最优质的咖啡和服务，营造独特的"星巴克体验"，让星巴克成为人们在工作场所和生活场所之外的"第三生活空间"。并履行各类社会责任活动，回馈社会，改善环境。因此，公司连续多年被美国《财富》杂志评为"最受尊敬的企业"。中国是世界上的消费大国，星巴克看到了这一点，从 1998 年开始布局中国，共在内地、香港、澳门和台湾开设了 500 多家门店，其中近半数在内地。2005 年 9 月，星巴克出资 500 万美元设立"星巴克中国教育项目"，专门用于改善中国教育状况。

随着公司业务的发展，星巴克的股价也从最初的每股几毛钱稳步持续上升到 2006 年 2 月 28 日的每股 18.82 美元，之后，受国际金融危机拖累，公司股价回调至 2008 年 10 月的 4.46 美元。2009 年下半年，随着世界经济的复苏，人们的消费开始恢复，公司业务稳步发展，业绩持续提升，股价从 2009 年的每股 5 美元多一路上升到 2019 年的 7 月 28 日的每股 98.02 美元。2020 年上半年，受新冠肺炎疫情影响，星巴克实体店经营遇到巨大困难，股价在 3 月 22 日回调至每股 56.55 美元。随着美国政府推出一系列救助政策和货币政策，加上新冠疫苗的面世、接种，人们的信心和消费得以恢复，经济获得支撑。2020 年 12 月 2

日，公司股价反转向上突破 100 美元／股大关。

2021 年，星巴克业务快速发展，2021 财年三季报显示，公司实现营业收入 209.14 亿美元，同比增长 20.79%；实现净利润 24.36 亿美元，同比大幅增长 357.84%；每股收益 2.07 美元，同比大幅增长 350%。2021 年 9 月 3 日，公司股价报收 117.19 美元／股，市盈率为 48.83 倍，总市值为 1381.79 亿美元，详见图 2-62。

图 2-62　星巴克公司股票价格（K 线）走势

未来看点：星巴克 2021 财年第三季度在中国实现营业收入 9.10 亿美元，同比增长 45%。星巴克在中国的门店总数多达 5135 家，未来还将加大中国市场投放，在中国持续加强数字业务，并将在应用场景和体验上进行创新，推动移动点单便捷化和个性化，以保持经营业绩的持续性。

风险提示：疫情的反复与不可控会对公司经营带来一定冲击；同业不断加入中国的饮品市场也会带来剧烈的竞争。

参考文献

[1] 格伦·阿诺德.巴菲特的第一桶金［M］.杨天南，译.北京：机械工业出版社，2020.

[2] 德群编.巴菲特的财富金律［M］.北京：中国华侨出版社，2019.

[3] 中华人民共和国国民经济和社会发展第十四个五年规划和 2035 年远景目标纲要［M］.北京：人民出版社，2021.

致 谢

首先，要感谢广大的股民，是他们不计得失、前赴后继地走进资本市场，不管是赚也好赔也好，都无怨无悔，积极支持股份制改革。他们是资本市场最值得尊敬的参与者、奉献者和建设者。

其次，要感谢那些优秀的上市公司，是它们为资本市场提供了可供投资人选择的优秀投资标的。它们在筹措资金、扩大生产、搞好经营的同时，也支持了资本市场的发展。同时还要感谢广大的机构投资者，正是因为它们的强大，市场才能变得理性。当然也要感谢基金公司、证券公司和"红马甲"，是他们为广大的投资者搭建了投资平台。感谢新浪财经提供的数据支撑。

在这里，更要感谢本书的读者，是你们的支持，本书才得以顺利出版发行。

最后，还要感谢中国金融出版社对本书出版发行的大力支持，特别是赵学锋副总编辑、刘钊主任和曹亚豪先生为本书进行了认真、专业的编辑，投入了相当多的精力和心血，在此表示衷心的感谢。